U0014347

啟動高維意識量子場

成為新人類的高維人生指南

透析生命宇宙的實相，
取回自己本質上的力量。

量子轉念引導技術系列課程創始人
著——陳嘉堡

目次

緣起

人類在經濟、教育、商業、科技、醫學、建築、社交等，雖然貌似有著重大的躍升和突破性的發展，我們稱為「文明」的這個偉大時代，卻全被一場突然的 COVID-19 新冠肺炎疫情席捲，幾近崩解。

在這樣的衝擊之下，人們一方面相信自己能夠「人定勝天」，用自信滿滿來妝飾內在過度狂妄傲慢的心態，不斷刻意向他人展現自己的實力，目的是要掩蓋自己深怕失去被尊崇的價值和力量，而內心的「深怕」感受卻不偏不倚地證明了「自卑感」的真實性。

另一方面，內心世界卻又感覺「徬徨無助」，不斷尋求超自然力量，試圖來控制這自然的現實世界，連精神層次、宗教、靈修、新時代靈訊，都還是停留在主張自己是被害者、被奴役者、無自信有能力自救的身分，需要屬於外界大於自己力量的高貴身分，才有條件拯救和保護自己的訴求。還是沒覺知到，自己內心意識、心念才是一切生命實相的根源，卻堅信，自己與周遭環境的一切人、事、物，都是分離的個體，而非一體，因此荒腔走板的怪誕行徑才會在我們的世界如此熾熱。

這兩種極度的反差中，我們看到非常矛盾的現象：狂妄傲慢的目空一切與盲目崇拜的仗仰神靈力量保佑，同樣的匯集點都朝向「以恐懼心為基礎的自以為是」的心念上。

我們的本源訊息場——「集體潛意識」，它是反射我們集體意識的鏡子，是跨越物理時空，匯集了過去、現在、未來在地球上覺者們的高維智慧意識。

在我們慣性於「看表象為事實」的信念上，卻依舊無法壓抑，隱藏於表象之下，正在向集體潛意識訊息場發出召喚能夠協助自己覺醒的智慧訊息。並以物質宇宙運行規則的方式傳達，讓還停留在看表象層次的人，能夠藉此循序漸進地，幫助自己甦醒心靈的感知力，重新憶起自己的本質實相，以及人與人之間，甚至與所有的萬事萬物、生態環境、生活處境等的相互關係。

就像是一棵菩提樹上各個大小不同的樹枝與樹葉間的狀態，全都源自於這「一」樹幹所延伸出去的。我們是一體，也相互依存、相互共振與影響。

這本書便是因此緣故而成的。集體潛意識應允了真正下決心想要離苦得樂的人，以量子力學結合意識、心靈層次的【量子轉念引導技術】作為工具，是輔助讀者，由慣性二維式觀點，按圖索驥進入高維智慧意識觀點的指南。

為何選擇以【量子轉念引導技術】作為工具？

在我走過了第一階段十年教學、百名以上實務個案心靈回溯技術的生涯時，深刻體悟到，現今時空中眾多人們內心深處的需求，是希望有一項能令自己相信且能親自實踐，並得到驗證的「意識覺醒狀態」，而非逃避現實的躲在虛無飄渺、空泛抽象空間裡，或是對於宣說者所說所教導令人醉心的言語，僅僅只能停留在自己臆測與想像的層次，無法自信肯定地對自己說「我做到了」。

我將已能驗證世界運作原理的量子力學、意識的神經科學、哲學，結合自己過去所累積的親證實例與體悟，整合成這套兼具心靈、意識、哲學、心理學、超心理學、科學及心理諮詢談話引導技巧等元素的【量子轉念引導技術】，並循序漸進地將心法與術法編撰成初、中、高三階段共近八十二課時的系統課程──【量子轉念引導技術系列課程】[1]。

因為【量子轉念引導技術】符合絕大部分人類內心慣性物理思惟的需求，以它來作為說明舉證的介面工具，較能跟多數大眾產生共鳴。

但是，對於不想「務實誠懇謙虛的承認，自己所說的語言、文章、所做所為都是源自於自己意識心念的真相，並且勇敢的親自行動去深入潛意識裡，修正自己偏執印記、建立出核心信念」的人，只想著像網路購物、叫外送一樣，手指滑一滑就想要宇宙將你心中理想的生活服務到家；或者你是一個只想要「找個假借各宗教、靈修、新時代之外殼，本質運作上卻像是由黑道大哥領導黑幫的組織團體，認同並喜歡透過剝削或勒索加入成員繳保護費，才可以感到安全有保障」的

1 於二〇一三年九月問世，並開始授課及接受一對一專業量子轉念引導的預約服務。

人，那麼這本書也絕對不適合你的。

但如果你受夠了把力量給別人，像是：苦等一位威權帝王個人主觀上的喜惡，來決定自己是否配得恩寵賞賜般的保佑，或被授權可以解脫煩惱憂苦。而是決心想要自己為自己承擔負責，透過明白透析生命宇宙的實相，來取回自己本質上的力量。那麼，實踐本書裡的指引，必能為你的心靈帶來更寬廣、平靜、清澈、喜悅、豐盛的體驗與意識的覺醒。

一、你偏離實相嗎？

COVID-19 疫情，鏡射潛意識偏離生命實相的信念

在西元二〇二〇年初，這個原先一直依照我們人類「勝者為王，敗者為寇」、「利益優先，弱肉強食」、「老弱者若不攀權附勢，必被淘汰消失」信念規則下運行的地球，看似有秩序且正確無誤地執行人類生存與生活的信念準則，在一場新冠肺炎疫情迅速擴散下，突然受到顛覆性的極大撼動。

全球因為 COVID-19 疫情夾雜著天災，突顯出人禍。空間受限，社交阻隔嚴重影響到人類生活，例如：停止實體互動的社交生活、經濟活動衰退甚至停止，如草木皆兵般的對待生活周遭的人、怕被感染致命的肺炎病毒，各國邊境關閉與排他的行為強烈，謊言隱瞞與推卸責任的行為赤裸裸的表現，為了自己的生存與利益可以罔顧人命、為了獲利不顧健康……這種種看似人類想像力下所創作的喪屍病毒小說，或電影劇情下的世界景象，從二維平面書本裡的文字或螢幕畫面上的虛擬情節，躍入到你我的身上與三維立體的生活裡。我們從原先獨立於書本與電影時空的第三

方旁觀者，像是愛麗絲一樣，突然進入了奇境漫遊，既寫實又逼真。

在將近一年的日子裡，全球不同地區的人，各自承受著不同的人生境遇，生離死別像是多米諾骨牌效應（Domino effect）一樣，踵足相接地在你我身邊進行著，感覺似乎沒有減緩速度。截至我寫本文的二〇二〇年十月七日止，全球因新冠肺炎死亡的總人數已達一百零五萬人。「無常」進行的速度，一下子像是縮時攝影般地快速。

這些真實發生的現象令人怵目驚心，不禁令人開始反思，這到底是怎麼回事？是自然災難現象？還是人為災難現象？

⊙觀察者效應，「人為」的證明

根據量子力學的雙縫實驗證實，這宇宙只有在符合自然平衡法則（真理、道、集體潛意識）下運行的現象，才是「自然現象」，其餘所有的「變化」都是「人為」的。

怎麼說呢？這裡所說「人為」的意義指的是：意識心念的能量頻率透過物理作為介面，產生作用後所導致的結果。也就是，觀察者的意圖會影響電子或光子原先以無形能量波動的狀態，變成以物質粒子的狀態運動的「觀察者效應」。那意識心念代表著有主觀和思想，這不就是「人為」的證明？這裡所說的「人為」，並非僅限於有人類肉身實體與產生行為的狹義定義，而是指具有「有意識」的本質現象的廣義定義。

意識未覺醒的人類在其想法上，會將這次的事件定義成不幸的浩劫災難。理由是：從不承認這些跟自己的意識信念有關，個人推卸責任給社會，社會推卸給政府官員，政府官員推卸給中央政府，中央政府推卸給另一個國家的中央政府。沒有「一個人」認為「跟自己的意識信念有關」，覺得個體的地位、能力、影響力都那麼微不足道——這麼大的事件怎麼可能跟我個人的想法會有關係？我個人的想法哪可能會起得了什麼撼動的力量？

這是源自於「自己是被創造物」的核心信念，而不是「自己是創造主」的實相信念。一定要先從「外面」擁有個有力的工具，自己才「夠資格」、「夠能力」、「夠條件」、「夠價值」、「夠安全」的順利存在著，卻不是先以「自知自己就是具備所有創造一切可能的源頭」為核心信念，然後從自己內在開始探索那些本已具足的元素。

只要將元素「開採出來」，就能召喚建構物質世界的磚塊——「量子場」為自己所用，並在自己所處的現實世界化為真實。但大部分人卻永遠都是堅信「我是受害者」的自我囚禁，而不願相信「我是創造者」的心靈意識自由。

⊙我被「我是受害者」的意念囚禁了嗎？

這證據真的就像滑智慧手機一樣，隨手一滑到處可見，無論男女老幼、家庭、學業、工作、婚姻、事業、生活等等，無一不同。

當自己未有謀生能力時，若是家庭收入無法滿足自己的物質或學業需要，就幻想自己能有一對比別人家會賺錢、收入高的父母，好像這樣，自己的尊嚴就可以跟同年齡人並駕齊驅，甚至高人一等。

求學階段，若無自信課業成績，或不知自己是否有學習課業的熱忱及意願，就誤認為只要能夠求得名師教導，就能反轉學業獲得高分成績。

只要能夠考進名校、獲得高學歷，就定能獲得高收入的職業，結交到讓自己成功的人脈。只要能夠有位像明星般外型的伴侶，就定能在群體裡證明自己優於別人的生存能力和價值。只要能夠買得起昂貴的汽車、房子，消費得起昂貴的食衣住行，就能夠在群體裡證明自己與眾不同的優越性。擁有的數量愈多，愈能突顯自己比他人更尊貴、比他人更有力量。只要有高度性吸引魅力的外貌、身材，就能換得優於他人的各種提升自我價值與生存方式的條件。

自己正在服務的公司，若是一旦進入危機，擔心自己賴以生存的支撐消失，就只是天天在心中祈求上天出現奇蹟，讓公司經營者能扭轉危機；或者求神拜佛不要裁員裁到自己，好讓自己能夠生存下去。

自己的生存空間遭遇不順利，推論的原因要不是認為自己所出身的家庭不好，就是自己正在生活的社會環境不好，要不就是現任政府的主政者太糟糕。

不敢離開一個無良的職場環境，而且若沒有人來挖角我，或是另外先應徵到下個職務，更不敢離開，因為不認為自己有能力可以創造自己的生存空間。

不敢拒絕一個不懂尊重個體的社交關係，因為沒有了社交往來、團體、組織的力量，你就無法在世界上順利生存。

不敢放棄一段毫不平等與信任的兩性關係，因為有過失敗的兩性關係或婚姻，就代表是自己人生的污點，失去了再建立兩性關係與婚姻關係的能力或資格。

不敢承認和接受自己的性別傾向，因為那是違反人類社會組成的元素，是違背神聖經典律法的罪業。

不敢為自己心中渴望實現的理想付諸行動，因為自己是受父母養育與栽培之恩，必須服從父母親的安排與意向，否則下場要不是無法擁有基本生存的條件，就是異想天開的以失敗收場。

不敢放手讓子女去探索自己的能力與價值，也不相信子女的想法和能力，認為求學階段的期間，除了「學業」之外，其他跟「學業」無關緊要的所有方面全是「多餘的」，並且「毫無價值」。這樣才會與「成名在望」的距離更近一點。

⊙「人類深層潛意識」偏離「宇宙實相運行」的顯象

這所有的一切，是帶給你的身心靈幸福、健康、自由、活力、和諧、安全、真誠的愛？還是虛偽、背叛、對抗、欺瞞、凌辱、失望、恐懼、威脅、痛心疾首與茫然呢？以上正在我們真實人生上演的種種，它們所有發展的邏輯與規則，不就都是先建立在「需要具備外在有力的支撐」的「因」上，自己才能「順理成章」、「有資格」獲得安全、成功、勝利的「果」這種「因果關係」上的證據嗎？完全不是以「自己身上已經具有了什麼」為依據，例如：探索、好奇、嘗試、可能性、可以做些什麼等等這些無形的意識想法能量，然後將它們像開採原油提煉成石油、讓它成為能源燃料，就可以推動所有無論重量、尺寸、大小的有形物質，以這樣的事實脈絡為基礎。

所有有形的物質，都是需要無形的能量才能夠推動它，$E=mc^2$ 質能方程式，就證實了這個真相。大自然到處都可以看到這個規則，萬物的生長都需要能量去驅動才能變化。

從古至今一直以來的人類價值觀，努力於物質世界的發展，讓我們都自以為掌握了生命價值的真諦；追求高科技、高經濟、高實力，就是力量，才是文明；追求個人的成功、財富、權勢、優越他人，就是代表自己特別有凌駕統馭別人的力量，才叫做免於恐懼、有權生存的強者。而且眼前看起來，這世界似乎就是朝向這樣的定律運作著，只要堅定地相信與努力，一定能夠擁有永續的價值和存在。

這次的新冠肺炎病毒疫情就像是一台 MRI 磁振造影（核磁共振成像）掃描器，把人類潛意識深層偏離宇宙實相運行的價值觀、信念，整個無所遁形的顯象出來。

若人類這樣的價值觀合乎宇宙實相的運行法則，那世界各強國的經濟、社會、生活，會因疫情而如此脆弱地不堪一擊？不是很強大嗎？

這一波波的疫情，簡直是一面「靈魂在迷失本性下，無明偏執意識」的照妖鏡。會在我們現實生活裡看見這麼多外在的紛爭、衝突、矛盾和對立，其實恰恰映照出，我們蓄意深藏內心裡被欲望壓抑住的自我紛爭、衝突、矛盾和對立，突顯的焦點暴露出，人類信奉的人生生存法則，竟然是如此地荒謬可笑。

⊙人類的意識模式需要進化到高維意識模式

有人說，這個二〇二〇年是「愛你愛妳（中文諧音）」的年代，以「愛」為核心的年代。不過我得到集體潛意識傳遞的訊息是：這是個從二元的時代表象中選擇，選擇要繼續頑固堅持二元性非黑即白對立面的意識層級，還是選擇讓自己的意識層次到達看見「二元只是一體性裡的其中一元素」的實相。

尤其在你身邊所見、所聞、所感受到的，看見這一整年發生的一切現象，二元對立性事件像是兩列失控加速列車般地對撞。這些從你的眼、耳、鼻、舌、身五感接收到的一切現象，有如在劇院裡 4D+8K 的色、聲、香、味、觸，透過生理的神經元，將電子訊號傳遞給你的大腦，讓你將這一切幻相「信以為真」。

真正隱藏在表象之內的真實訊息是「二進位」，白話解譯就是「人類目前的意識模式需要進化到高維意識模式」。西元二〇二〇年的「2」數字代表二進位模式與「0」數字代表電腦程式語言0與1模式，若把二〇二〇的數字以十進位轉變成二進位去計算，你會發現得出1010的數字。

二進位算術，是由十七世紀德意志民族神聖羅馬帝國出生的萊布尼茨（德語：Gottfried Wilhelm Leibniz）於一六七九～一七〇三年設計形成，並以《易經》的「伏羲先天六十四卦次序圖與方位圖」，作為自己所著作的論文《數字科學新論》裡的補充，並將研究成果發表在法國《皇家科學院院刊》上。

傳統的計算方式是「十進位」方式，但是，運算速度十分快速的電腦，為何不是用十進位算術模式，而是二進位算術模式呢？

起因源自於：西元一九四六年，全球第一部電腦（ENIAC）在美國賓州大學誕生，當時以人工插線的方式進行不同運算要求，卻發現一個很大的問題——十分費時費工。在西元一九五二年，數學家馮紐曼（Von Neumann）受到英國數學家艾倫圖靈（Alan Mathison Turing）啟發，產生了馮紐曼型架構（Von Neumann architecture），形成了現在的二進位法電腦。簡單說，只要一個電子元件，就能對龐大的數據做出判斷與執行命令。

為什麼訊息用「二進位模式」來提示？物理學家約翰·惠勒（John Archibald Wheeler）說：「『it from bit』——萬物源自位元（Bit 比特）。」惠勒博士就是最先提出「黑洞」、「蟲洞」、

「量子泡沫」、「多重宇宙」等名詞的人。既然可見的物質宇宙全都源自於「位元（bit）」，不就在明確告訴你：「問題在意識」嗎？

0與1就好比是燈泡「開」跟「關」的現象一樣，「無」與「陰陽」、「光明」和「黑暗」的選擇，像是個平行線般；但是你的意識若能像量子跳躍一樣，穿隧高維時空，將能改變自己的人生處境。

或許你會問：為何在二〇二〇年COVID-19新冠肺炎初期時，不給予這類訊息，來協助人類？直到現在才開始陸陸續續傳訊給我們？

在你肚子還在飽足感、且注意力在其他事物的情況下，餐廳派任發宣傳單的工作人員，將傳單要遞給你時，你會拿嗎？若在此時要將傳單遞給你，你會作何想法及反應？還是在你已經到達飢餓難耐、想要填飽肚子，就會起心動念，開始主動想找尋可以提供給你進食的目標？

人類自文藝復興後，以達爾文的「演化論」為生活與人生價值觀的核心，進入到高度追求物質文明的時代。但在跨入量子世界時代的今日，這樣的觀點，已經即將過時，並成為歷史的一個紀錄了。

為什麼？在後面的內容會再一一探討。

⊙此時是將注意力轉回自身內在的機會

這波新冠肺炎的疫情，是強制訓練我們的意識，轉變進入到高維度意識觀點的過渡事件。它的發生，並不是以局限我們的生活為目的，比較有點像是要你去靜心冥想的禪修行為一樣，透過外在的危險，引發我們對自己部分行動的約制，暫時剝奪我們「將注意力朝向外在的需求」的慣性，我們才願意將注意力逐漸轉回往自身內在真實的現狀。這是讓自己能夠重新覺察、區分、反思的機會。

身體生病了也是同樣的道理，目的不是為了懲罰與折磨我們，是因為，暫時拿掉自己的行動能力，我們才逐漸發現，原先自由的行動能力是件多麼令人感到珍貴的狀態。才不會令我們玩物喪心的利用藥物、菸酒、高加工食品以及過多消耗肉體的行為，來對待自己的身體和體內的器官。

在【量子轉念引導技術高階課程】的「心身療癒密碼」章節中我也提到過，肺部的功能性狀態對應了生命循環的意識狀態，這與自己在生命當中有沒有遭遇到窒息或者生存受限的情緒意識、生命狀態能不能夠循環得很順暢有關係。

如果過度覺得人生受到限制、不順利，生活中窒礙難行，被困住、被壓抑，都有可能感召「肺部出現問題」的狀況。除了生活習慣，背後的形成核心，與「對自己不滿、對自己所處的人生狀態感到無力、束手無策、不斷批判自己、不愛自己」的深層信念模式都有關係。

⊙固著意識價值觀下的特性

COVID-19新冠肺炎存在的特性，其實就是我們固著意識價值觀下的特性（找出相關聯），我們概略從「症狀」的現象，來探索對應到潛意識的信念模式。請見下表。

從「潛意識的核心信念」這欄位的「觀點」內容做一個邏輯推論的組合，你將會發現到什麼人生處世的價值觀？

深層相信自己在世上是衰弱無力、孤掌難鳴的存在，若在沒有攀權附勢下，是不具備和他人競爭的能力，喪失了被賜予足夠安全、獲得豐富生存資源的資格和能力（獲得工作機會、獲利條件、繁衍後代等保障的能力）。任何非在自己控制下的無常，絕對是摧毀自己已經擁有的成果；成為了一位失敗者，將會在人群社會被淘汰、被奴役、被剝奪人格尊嚴和自由的結果。

倘若以上述特別用括號標註的這組連續串連後的邏

症狀	情緒	潛意識的核心信念
發燒	憤怒身邊與眼前無法善待自己的事物。	感覺對於已發生的事情，是刻意針對自己。
呼吸困難	敵對受外力強制的干涉與約束。	身邊的事完全不按牌理出牌，導致生活節奏處處碰壁。
咳嗽	恐懼無法自由的表達言論。	認為自己內心想說的話，會為自己帶來危險。
頭痛	焦慮無法理解與接受已發生的事物。	對於目前人生的節奏亂象與得到的訊息，無法真正掌握確切的原因。
喉嚨痛	對於主宰自己生活圈的權威者，過度隱忍自己該說的話。	自覺自己的力量微不足道，即便身受不公不義的對待也是人微言輕。

輯，作為待人處事的基準，你會發現，這個人的言行、情緒、人際關係會是什麼模樣？

莫名的易怒、隨機傷害無辜的人、處處提防他人、爭權奪利、為達勝利可以違背道義與出賣別人、阿諛奉承、爾虞我詐、欺瞞謊言、以大欺小，甚至常用暴力來向他人聲明自己的權益、自私自利、出言不遜，只在乎能如何吸睛達到「存在感」的目的，道德、尊重、修養若是成為「達成目的的阻力」就可以拋棄，隨意對不認識或已相處過的人惡意酸言酸語攻擊，任意踐踏他人的尊嚴卻偽裝成「言論自由」與「做自己」的訴求。

⊙百猴效應，「量子糾纏效應」的實體樣板

在「量子力學」裡有個非常出名的「百猴效應（Hundredth monkey effect）」的理論，它的原意是來自於一個五〇年代的生物實驗。

日本宮崎縣外海，有一個叫「幸島」的無人島，島上住著一群日本獼猴，生物學家研究發現，這群獼猴喜歡甜薯，但不喜歡沾黏在甜薯上的沙子。有一隻十八個月大的母獼猴意外的把有個掉到河裡的甜薯拿起來吃，發現河水清洗過的甜薯，因沒有沙子沾黏，口感更好吃，牠把這個技巧教給母猴及玩伴。

沒多久時間，島上年輕的獼猴及願意向年輕獼猴學習的成年獼猴都學會了這樣的技巧；而且

牠們發現了「升級版」，也就是將手上沾黏沙子的甜薯拿到海水去沖洗，因為海水鹽分的關係，甜薯的味道更為甘甜美味，並成為了習慣。

隔一段時間，整個島上幾乎八十五％左右的獼猴都會這個技巧，而這數量恰巧是一百隻，只有少數約十五％固執的成年獼猴，繼續吃著沾黏沙子的甜薯。科學家發現，這些十五％固執的成年獼猴，換算成人類年齡約四十至五十歲。

更令科學家感到不可思議的是，幸島上獼猴清洗甜薯後食用的行為，竟然飄洋過海，到距離數公里外對岸九州高崎山上的獼猴群，牠們居然也開始有「拿甜薯到海水清洗後食用」的行為。因海水相隔下，兩地獼猴根本沒有能夠聯繫的可能之道。

因此，研究的科學家就以「第一百隻獼猴」來形容「造成意識狀態翻轉」的臨界值關鍵參數。不過一百只是參考參數，並非制式標準，畢竟人的意識狀態和獼猴的意識狀態，其複雜度有程度上的差異。其實重點是，只要達到符合某類群體的關鍵數目，其他界線之外的族群也會受到感染。

這「百猴效應」就是「量子糾纏效應」的實體樣板：當某一群體中[1]，個體開始有了創造性的新想法，並且付出新行動，他表現出來的新想法與新行動，會在本身形成一個場域。若獲得身處群體裡的成員真心支持和認同，場域開始增生範圍與能量，而達到某臨界值數量時，該新想法

1 以小到大區分，家庭、工作單位團隊、社區、團體企業組織、產業商業供應鏈、社會族群、國際貿易、金融、教育、生態環境等，都可以用「群體」代表稱之。

及新行動，會以意想不到的方式，從自己本身所接觸到的人（未必是所處的群體成員或生活圈裡的人）以及本身的群體成員，迅速感染到所有相關的各群體成員，產生意識共振頻率，逐漸累積朝向足夠改變集體意識的臨界值數量。像蝴蝶效應一樣，有輻射性的影響力，逐漸會以疊加態方式，加乘為巨大的力量，能夠跨越空間與時間去改變了整個世界。

⊙你以怎樣的核心信念來付諸言行？

俄羅斯量子物理學家康斯坦丁．科羅特科夫（Konstantin Korotkov）教授發現，當兩個人是互相愛慕的關係時，雖然他們彼此的手指隔著一小段距離，沒有接觸在一起，卻在「克里安照相術（Kirlian Photography）」下，指尖會發出能量場，且是相互交融的，兩人的能量場延伸出類似閃電一樣的輝光，相連在一起。

以上的科學證據給我們一個深切的思考：「百猴效應」（量子糾纏效應）就像是金庸武俠小說《倚天屠龍記》裡說到的，可以號令天下的倚天劍和屠龍刀；或像好萊塢名導演史蒂芬．史匹柏的電影《法櫃奇兵》裡，二戰時期納粹黨想要取得擁有統治世界神祕力量的「法櫃」一樣。這強而有力的工具，就端看是心存善念或惡念的人在駕馭它，真的是：成也「百猴效應」，敗也「百猴效應」。

請靜下心來，仔細睜開你的雙眼，看看我們的周邊，現在所身處的生活環境、人與人之間的關係、社會百態、國際情勢的現狀，再加上COVID-19新冠肺炎症狀的特性，以及從發現初期、爆發直到目前為止，套上剛剛提到的這些範圍，你發現了嗎？我們很多人深層的潛意識裡，正在以哪些性質的核心信念在駕馭「百猴效應」，然後付出言行在現實的世界裡？

在這個理論中，令我最有感的是：在這實驗中有十五%到二十%的獼猴，幾乎不受其他獼猴的影響，依舊堅持直接食用甜薯、不願意清洗掉上面沾黏的沙子，而這些獼猴全都是「十二歲以後的雄性獼猴」。雄性獼猴在同類群體裡換算成人類的年齡，大約就落在四十到五十歲間的年歲，這跟人類社會上四十歲以後的大多數男性，往往也都是比較不容易想要成長、改變的年齡段，有著相互呼應的吻合。

讀到這些訊息，是否會令人深思呢？

再回到百猴效應的探討裡，你有沒有發現：第一隻改變的獼猴在旁人看來，似乎是很有勇氣，好像牠必須忍受其他同類的異樣眼光、承受壓力，直到證明出效果，才會引起同類陸續加入和認同。若以這樣來看人類社會裡的運作，更加明顯與現實。

但是，「這個事實的推論」也許只是「這位旁觀者」用自己的「經驗」作為「普世標準」。這隻獼猴當事者，也可能僅是以「好奇心」付諸「嘗試性」的行為，得到一個「意想不到的驚喜」的結果，然後這個「意外的驚喜」成為牠願意作為自己往後生活的「新認知」與「新習慣」；牠只是完全專注陶醉於這整個一連串的連鎖反應，完全不以爭取得到同類支持、認同、跟隨的眼光及行為，自己在群體裡才有存在資格和價值，作為自我評價的法則。這樣就能毫不關心其他同類是否願意認同、跟隨或支持的眼光及行為，那牠自己絕對不會感受到有任何壓力，更不覺得自己的新行為是在展現勇氣。

⊙你所感受到的事實，源自於自己觀點的投影

集體潛意識的高維度智慧要告訴我們一個重要的訊息：

「你所感受到的事實，源自於自己觀點的投影。」

你是改變「與你有關的世界」的發源處，你身邊所「已經發生的某事（過去）」、「正在發生的某事（現在）」、「尚未卻可能發生的某事（未來）」，全都依據你舊有的「意識認知」、「信念觀點」賦予且決定它的「真實性」。除非你真心願意改變自己舊有「對已經發生某事（過去）」推論塑造出的「意識認知」、「信念觀點」，才能在物質宇宙的地球上產生新現實。

請留意一個真實的現象：你所有創新的開始，都會被抱持「爭取同類支持、認同、跟隨的眼光及行為，作為在群體裡才有自我價值」法則的人，貼上「標新立異」、「背叛者」等等同義詞或類似含義的標籤。

為什麼？

原因是：這些將你貼上這類標籤的人，自己已經感覺到內心深深堅信：「自己是一個不夠好

的個體，恐懼能夠繼續存在的條件逐漸喪失，最終是被淘汰的世界遺棄者。」

這種深層不自信所形成的不安感，會將你的創造力視為「贏過他，並且是將他推入失敗者」的攻擊行為。所以他會用言語、行為對你進行「排擠」、「霸凌」、「造謠」、「恐嚇威脅」、「打壓」、「製造紛爭」、「蓄意干擾」、「暗中破壞」、「嫁禍」、「塑造成公敵」、「嘲諷」、「輕視」、「鄙視」、「潑冷水」、「酸言酸語」、「假性公平」等等具敵意、貶低或對立的情況。利用這些言語行為，作為轉移眾人看見「自己本身是不足」的焦點，欲蓋彌彰、混淆視聽，甚至製造出假性公平的事實，合理化自己的言行，令人錯信，好讓自己得到順利存在的安全感。最常看到的生活上簡單例子：當多位騎機車的騎士，同時闖越道路號誌紅燈的路口，其中一位被執勤的交通警察攔下並舉發違規時，這位騎士卻理直氣壯質問執勤的交警說：為什麼同時那麼多機車闖紅燈只攔我？那麼其他人呢？

這段語言模式就是製造「假性公平」，讓交警或旁人錯信交警失去公平性的執法立場，自己受到「被刻意針對性」的對待，作為掩蓋或卸責自己違規的錯誤行為事實，讓旁人的焦點集中在「為什麼其他違規者不必受罰，只有他需要受罰？」的假性公平的「果」上，卻模糊或遺忘了「闖紅燈這行為本身，就已經是錯誤和違規的事實了」的「因」上。

所以，當你正處在「創新行為的意識創造」上並感到喜悅、平安和自信，而且在現實生活裡看見真實時，正是「你所感受到的事實，源自於自己觀點的投影」在發生作用。

但是，若此時你被那些「源自內心恐懼而利用標新立異、背叛者的標籤」影響，讓你感覺自己就像他們所說的那樣時，同樣的，這項「你所感受到的事實，源自於自己觀點的投影」的法則，也正在發生作用，因為「你的觀點」是以「他們的觀點」作為「相信事實的基礎」。

⊙如何得知何時是適當的時機？

「審時度勢」是指：在宇宙實相法則的運作原則下，去了解自己的生命實相，透過默默的觀察，等待「適當的時機到來」。

如何得知適當的時機是否已經到來？

任何看似無序的環境變化，都會有週期性的有序表現，就像是地球上大自然氣候的春夏秋冬四季更迭一樣，從一個季節要邁向另一個季節交替時，絕不是一步到位的，而是會有「過程」發生的；「過程」的產生會因為「時間的流動」，使得「差異」變得細微與緩慢，造成我們難以察覺，產生「沒變化」的錯覺。當每個細微的差異經由時間的推移，逐漸累積到達兩者外在型態截然不同的那刻，我們才驚覺到，此刻的季節景象已經與前一季節景象完全迥異。

再舉個貼近我們生活裡的例子。生了孩子後，若沒有每天記錄，去觀察每天彼此的細微變化，你是很難察覺孩子「正在長大的事實」；當孩子已經要成年，進入社會工作或是要結婚時，你才驚覺到「孩子已經長大的事實」。

回到剛剛季節交替的話題上。我們若是將這些細微緩慢變化的每一刻，用現代的科技攝影技術「縮時攝影」拍攝下來後回放影象，你就可以清楚看見每個變化的「瞬間」以及「過程」，且能夠正確的捕捉到「適當時機」的時間位置。

所以，日常上並非僅是把注意力的焦點完全放在外在環境的變化，而要同時去關照本身的生物情況和一切生活作息節奏，才能「得知適當的時機」，為生活做出適合、適當的交替與調整。例如著衣、飲食、農作等等作息，都不離這個法則，若是將自己的食衣住行固定僵化及一成不變，那反而是在為難自己。

⊙無常法則

在此刻，「變化」這現象的發生，絕對不是外在環境刻意針對你進行威脅行為，那是宇宙本身新陳代謝的自然律動，這是宇宙實相法則之一「無常法則」。

而人類潛意識裡，集體根深柢固的「物競天擇」、「適者生存，不適者淘汰」信念，就有如《聖經》裡的天使路西法的價值觀一樣，他由於「過度驕傲及妒忌神」的信念，開始自甘墮落且背叛神後，並想與神對抗，來證明自己才是最頂尖的存在，卻成為經典記載裡以「魔鬼」的身分稱呼他。

所以人類這「物競天擇」、「適者生存，不適者淘汰」的偏執信念意識，對於地球和大自然萬物眾生，甚至是同為人類們，已經造成巨大及廣泛的災難。就像是危害人類健康的新冠病毒一樣霸道、蠻橫、疾如風、侵掠如火般，這地球與大自然也正自動運行本身的免疫系統，來療癒自己回歸平衡，透過這事件來教導人類憶起「謙卑」、「尊重」、「共生」、「一體」的本質。

宇宙實相法則運行的規律，就簡稱「道」。人類能依照「道」作為生活、人生追求的價值觀，所有表現出來的行為與說出的語言，就自然而然具有「德」的素養內涵，簡稱為「德行」。當一個人有這樣的意識狀態在過生活、與人相處、與眾生相處、與自然生態相處，這個人便是一位具有「道德」的人。

所有不同的自然環境、氣候、生物或生命個體，都能有各自依其「生、住、異、滅」的週期，展現屬於它的價值和位子，這就是宇宙實相法則的運行模式。簡單說：宇宙實相法則，就是「宇宙生態鏈」，沒有「道德」的人，就等同違反「宇宙生態鏈」的運行規律，違背宇宙法則。

以上，正是集體潛意識的高維度智慧要傳達給我們的重要訊息。

迷信宗教靈修與神祕學的救贖，不可能得到心靈的自由

信仰，在維基百科上是這樣說明的：

「信仰（英語：Faith），拉丁語作 fides and，舊法語作 feid，是對一位人、一個物、一件事，或者是一種概念的堅信不疑和置信。在宗教的概念上，可以把信仰分為信心和信任兩種。信仰宗教的人常常以信仰為他們的信心，將信仰看作是不證自明的，而其他『對信仰有懷疑的』和『不承認神靈存在的』，傾向於認為信仰是一種沒有證據的信條。一般在區分信仰和信心時，是舉這樣一個例子：我說我口袋裡有一百元，你叫我拿出來看一看，那是信仰；你如果相信我，那是信心。信仰，是人對於自身之人生觀、價值觀和世界觀等的選擇與持有。」

維基百科上的這段解釋，事實上並無法具體區分信仰與信心的差異，理由來自於「以何為依據」？因為沒有具體的事證，這也是常常令很多人對「信仰」與「信心」有很多模擬兩可的情況。既然內心是模擬兩可的混亂中，你怎麼可能有足夠堅實的心力呈現出「信仰」與「信心」呢？

就算是自己口中對於那件事（宗教、身分認同、理想）如何地津津樂道，那只是刺激體內的腎上腺素激增造成的生理反應，並非真正來自於內心的肯定。畢竟，對於慣性依賴五感官的人類來說，沒有「眼見為信」、「觸摸為實」的過程，是很難說服自己確信它的真假虛實。

那怎麼辦呢？

⊙未經檢驗就相信，這是「迷信」

我引用兩千五百年前在印度已經了悟印證「宇宙實相運作法則」，並分享一個人如何能了悟印證「宇宙實相運作法則」且依此作為生活模式的方法的人——喬達摩．悉達多，被尊稱為佛陀（開悟覺醒的人），在拘薩羅國（現今印度與尼泊爾附近）對當時的人們分享的一段話，這段內容在北傳《伽藍經》和南傳《葛拉瑪經》均同樣有記錄。

佛陀開悟覺醒的觀念與事蹟正開始逐漸流傳到各地，當時佛陀旅行到了拘薩羅國，當地的伽藍族人眾，對剛開悟覺醒不久的悉達多，所分享傳授的觀念及方法，心生許多懷疑，直接向佛陀提出尖銳的問題：如何面對各宗各派相反的教說？該相信誰的教說為真理？如何免於求道修行上的疑惑？

佛陀當時認為，對任何的教說生起懷疑是正常的，所以對伽藍族人眾提出「不要輕信教說」的教說，共有十點：

不可因為合乎傳統就相信；

不可因為是傳說就相信；

不可因為流傳廣遠的說法就相信；

不可因為經典記載的說法就相信；

不可因為符合哲理的說法就相信；

不可因為合乎邏輯推理的說法就相信；

不可因為引證常識的說法就相信；

不可因為符合自己先入為主的觀念就相信；

不可因為是有威信的權威人士他說的就相信；

不可因為這位修行人是我的導師，所以他說的我就相信。

佛陀在這裡強調不可輕信的主要理由，是因為：你所接收到或聽到的教導說法，對你而言，還處於聽聞或思考的階段，尚未通過你親身的觀察、體驗和檢驗。佛陀提醒眾人：要親自去「驗證」而獲得的知，才是「真知」（如實知），才是正信，否則光聽一面之詞未經檢驗就相信，這是「迷信」的行為。

原文：「伽藍眾！汝等所惑是當然，所疑是當然。有惑之處，定會起疑。伽藍眾！汝等（一）勿信風說，（二）勿信傳說，（三）勿信臆說，（四）勿信與藏經之教相合之說，（五）勿信基於尋思者，（六）勿信基於理趣者，（七）勿信熟慮於因相者，（八）雖說是與審慮、忍許之見相合亦勿予信，（九）說者雖堪能亦勿予信，（十）雖說此沙門是我等之師亦勿予信之。」

在經文裡的這段記載裡，佛陀提醒學習者要「親自去檢驗」，有如鑑定金子般的態度去檢驗，不是要一個人疑神疑鬼。

信仰的本義是在：自己接收到無論是來自視覺、聽覺、嗅覺、味覺、觸覺的訊息，都要交叉檢驗求證後，才能將這結果視為實相的信任依據。

⊙依賴「懶人包」，讓思辨能力退化

過去時代的人，因為民智未開，心靈大多處在無明狀態下行事，意識焦點只關注：在世間如何生存？而且是以消滅「會威脅自己順利在世間生存之事物」為主要的人生之道，能有較高覺知去探索生命實相的人如鳳毛麟角。

所以絕大多數的人都會著迷於：體型上的力量（男性要有體格上的優勢，女性要有長相與身材上的性魅力）、社群裡的位階，等於支配他人的權力、金錢的數量、物質生活的尊貴與規模等等，把這些當成是人生在世最重要的目標，因此以荒誕的求助鬼神的方法來達成人生最重要的目標，就自然成為風潮。原先敬畏鬼神的謙卑之心，卻淪落成為想要不勞而獲的迷信行為，並逐漸深入成為每個人潛意識裡的價值觀共識，再經由每個人實現在現實世界裡，就等於催眠每個人

——這就是人生應有的一生。

我們來反觀到今日，人類經歷了數千年的「演化」，文明、建築、科技、醫學、教育、通訊、娛樂、經濟、工作等等的社會結構，在現實上似乎有著「演化」、「進步」，但是心靈層面與精神層次，有跟著匹配的「演化」、「進步」嗎？

現今的人們資訊獲得太速食，習慣依賴別人，因為自己個人的偏見，將訊息加工後提供的服務——「懶人包」，來作為自己認識事實與獲取資訊的唯一來源。在接受文章、影象等訊息，為了擠出自己能有更多的時間做其他事情，只挑選標題是否夠吸睛、聳動，再決定是否願意花時間去閱讀或觀看它的內容。表面上看似非常明智的做好時間管理，卻因此造成自己本身自帶的分辨與思考的本能逐漸退化，而常被有心人蓄意添加不實或未經求證的內容，操縱著自己看待事物的意識觀點。

這種習慣以「標題化」、「標籤化」來作為認識自己的人生和所存在的世界，你覺得是會獲得事實完整原貌的資訊，還是碎片式不連貫的資訊呢？

我們對於掌握權力、物質生活的尊貴與規模、獲取金錢數量、顏值身材、職業類別的尊卑、學校的名聲大小與在學成績的高低、出身家世的背景、學歷知識文憑與專業技能證照的高低和數量等等的著迷，相信只要有了這些「聖物」、「聖器」，你將從取得之日起，在往後人生旅程裡過關斬將、披荊斬棘、無往不利地幸福快樂，一路通暢到人生終點的那刻，劃下圓滿榮耀與成功的完美句點。若這樣的偏差價值觀不是叫做「迷信」，那麼還有什麼心念行為才叫做「迷信」？

⊙發覺自己是「無限」的本質

相同的心靈模式，也同樣適用在宗教的信仰、靈修，還有新時代靈性成長的團體與個人裡。「宗教」的原創人都在傳遞一個共同的核心觀念：「你」與「神」之間，並不是階級高低或各自處在「被區隔的空間」裡，而是「同在」。

「同在」的含義就是「平等」，這「平等」的真正內涵就是「尊重」。在沒有「尊重」的心念裡，「真正的平等」是不可能出現在彼此的關係裡。而「神」（無論你用哪種文化背景下定義的名稱、型態與種類）就是你的本源與本來面目的非物質性狀態，當「你」在向「祂」進行呼求、祈禱、回應時，真正的狀態是：你透過從內在「憶起『你』的『本來面目』」。只有往內在專注時，你的意識才能夠有力量擴張，超脫物質肉體五感官的空間感限制，才能發覺自己是「無限」的本質。

當自己發現本身是「無限的」存在狀態的事實，那麼就是自帶「什麼都有」、「凡事都能」的本質，這本質就是「神」，而這「神」並非獨立於你之外，祂就是「全息全然的意識」。

而這樣的涵蓋面，沒有辦法以空間、時間、距離、範圍、大小等等，這些人類慣性辨識、區別的「二元性」去描述祂的存在原貌狀態。所以在人類有限的詞彙，加上當時的知識水平，只能夠用「全知」[1]，或者是「佛」[2]、三藐三菩提[3]、明行足[4]、如來[5]。

我們從古老的智慧裡便可一窺究竟：

耶穌看著他們說：「在人是不能，在神卻不然，因為神凡事都能。」——〈馬可福音 10:27〉

耶穌這段話說出了真相。這句話裡的「人」，並非要區別「人」與「神」是具有身分階級上的不同，而是：若是用人的肉身作為宇宙實相的基礎，那麼等於把自己畫地自限在一個極小的範圍，就好比我們若把「宇宙」這麼無限寬廣的存在，依照人類肉體的目光視野來看，還以為「宇宙」就等於這顆地球上所有可見範圍內大小，認為這就是「世界」了。

就算用目前我們人類的科技所已知「宇宙的範圍」，及所能涵蓋到星系、星球，來比擬成「神」實際存在大小的狀態與能力，把地球這顆星球與其他每顆星球都比擬成一個個「人」的個體，這就容易理解，人與神的關係及能力大小的懸殊。

上述的比喻和說明，若你能夠意會和了解，接下來，古老智慧經典裡記錄的這些話，你都能

1 全知：無所不知、全知之眼。

2 佛：覺醒者，了悟宇宙生命實相。

3 三藐三菩提：巴利語 Sammā-sambuddho，漢譯：正等正覺或正遍知。

4 明行足：巴利語 Vijjācaraṇasampann，佛陀圓滿具足這三明：天眼明、宿命明、漏盡明。

5 如來：巴利語 Tathāgata，依於親證世間所有一切諸法無有顛倒的如實智慧。

看見類似的提醒與忠告。

因為出於神的話，沒有一句不帶能力的。——〈路加福音 1:37〉

在人所不能的事，在神卻能。——〈路加福音 18:27〉

你不要害怕，因為我與你同在；不要驚惶，因為我是你的神。我必堅固你，我必幫助你，我必用我公義的右手扶持你。——〈以賽亞書 41:10〉

我靠著那加給我能力的，凡事都能作。——〈腓立比書 4:13〉

在東方的古老智慧經典裡，也有同樣含義的提醒和忠告，只因人類種族和文化背景的形成不同，描述的語詞數量不同，但是指向「宇宙實相」的目標是完全一致的。

觀自在菩薩。行深般若波羅蜜多時。照見五蘊皆空。度一切苦厄。——《般若波羅蜜多心經》

觀自在菩薩：是一位具備覺醒意識狀態、觀察及面對人生實相的人。

行深般若波羅蜜多時：他正心處在「以看清生命實相的高維智慧」的狀態時。

照見五蘊皆空：所有內心的煩惱來自於「未知的恐懼」，這已經會給心靈帶來負重及心神不寧，未解的煩惱數量和輕重，日積月累到一定的程度，就會達到熾盛痛苦。當他能夠發現，肉體與五感官是「無常（成、住、壞、空）」的，但「意識」是能夠凌駕超越、五感官的反應功能為覺受的唯一依賴，作為唯一所接觸判斷事物實相的基礎，不受五感官無常變化的限制，此時便能使自己內心無「未知的恐懼」所帶給自己的煩惱及痛苦。

度一切苦厄：在內心無懼的心境下，所有組成「苦」的條件，便瞬間消散瓦解。這同時除了度（消除）自己的「苦」外，他還能以這樣的智慧，作為自己意識看待分辨的原則，自然在所說的語言含義、行為處事，均可輔助他人消除個人內心的苦。一切苦厄的「一切」其實它指的是一體兩面的、推己及人的。涵蓋自己與自己有相關的眾人稱為「一切」，而非與自己無關獨立於外，只針對全部其他人，稱為「一切」。

須菩提，若有人言，如來若來若去，若坐若臥，是人不解我所義。何以故。如來者，無所從來，亦無所去，故名如來。——《金剛經．威儀寂淨分第二十九》

「來、去」、「坐、臥」等這些都是動詞，動詞表現出「可見的動作」，表示它是可以目視測量的，以及是能透過觀測，將目標劃分區別或圈出活動範圍的外在表徵。這作法的本身就是一種阻隔、限制在特定區域裡，以有形形體、形狀作為事實的行為。那麼，以這樣的認知來解讀我所說的「如來」真正的含義和狀態的這個人，就是完全誤解、甚至沒有真正明白領悟我所說「如來」的真正含義了。

為什麼？

所謂「如來」二字，並非動詞也不是名詞，它是形容詞。就像是地球上的大氣層，整個大氣包覆著地球，你能正確無誤的區分出專屬於歐洲範圍的空氣，然後由歐洲為起點，移動到亞洲，成為專屬於亞洲範圍的空氣嗎？答案當然是否定的。

「移動」、「來去」僅是為了說明：較細微變化的狀態下，為了暫時方便性的解釋，借用動詞來表達；但別忘了，以大氣為一整體的實際狀態，「移動」、「來去」是沒有真實有個由A點到B點的獨立發生，它只是「在大氣整體範圍裡的活動狀態」而已。

因此，「如來」僅是形容一個人的「意識狀態」，不是「肉體狀態」，意識狀態若已經是了悟宇宙實相，憶起自己的本來面目，就是和宇宙（包括各時空在內）同等合一。在這樣的狀態基礎下，沒有真實有個由A點（過去或前世的時代、時空維度、星球）到B點（未來或來世的時代、時空維度、星球）的獨立發生，「來與去」它只是在「宇宙本體範圍裡的活動狀態」而已。以這樣的整體性來看待，真正的實相是「無所從來，亦無所從去」，這才是我說的「如來」，它真正的含義是指，能在時空的時間軸裡，任意在A、B兩點間「來去自如」、「如來如去」，僅是為了說明較細微變化的狀態下，暫時方便性地讓你理解的解釋罷了。

⊙憶起自己的本來面目

從上述摘錄東西方著名記載古老智慧的經典裡，你自然能看明白，說出這些話的目的是在提示人們「要憶起自己的本來面目」，而不是在五感官接觸的表面及表象上盲目追求。

你無法做到「回憶起自己本來面目」的原因，是你真的忘記了？還是害怕去做「回想」的動作？因為你被告知那是一項觸犯到「限制你的神聖不可冒犯禁條」的行為，會遭受「某神聖存在的嚴懲」？

現在很多人在潛意識裡設定，「觀世音菩薩」是一位像漫威電影宇宙（Marvel Cinematic Universe）裡既是神仙或是超能力的超級英雄般，然後祈禱他來保佑你，「保佑」這個詞，說穿了就是「拯救」的意思。

整體經文的原意裡，是要閱讀者「自救」，而不是像幼兒一樣，用坐在地上賴皮的方式，向父母「勒索」自己想要不勞而獲的物品。這種勒索的心念是先入為主，將自己與「觀世音菩薩」設定成「二元性的對立關係」，而不是「一體性關係」。

尊與卑、高與低、大與小，這些都是「二元性的對立關係」，它代表兩者間的心念頻率不在同一個頻道上，無法交集，那麼兩者怎可能達到「相應」的狀態？其實一個人若能夠真心相信並實踐「照見五蘊皆空」的時候，就自然能夠消滅內心的煩惱；能做到這樣的人，都可以是「觀自在菩薩」，這裡指的是本質可以是「觀世音菩薩」，不是以外型長相論定。

在《觀世音菩薩普門品》裡就有段記錄，清楚揭示：你要從觀世音菩薩身上留下來的語言、行為、想法裡，去深入理解「意識與宇宙實相法則」相互運行的關係及模式的證據。

大意是這樣：無論是梵王身、大自在天身、天大將軍身、長者身、居士身、宰官身、婦女身、童男身、童女身、比丘身、比丘尼身、夜叉身、阿修羅身……簡單說，不管對方在這宇宙裡是以哪種生命形態存在，無論是人或非人身等等，只要對方有需要得到「離苦得樂」的結果，那麼觀世音菩薩將會變身成為跟他一樣的種族、存在模式或生命體，來為他「說法」，而非保佑他。說什麼法？當然就是透過講解「宇宙實相法則」，幫助你「回憶起自己本來面目」的知識與方法，因為做到這些法則，我們自然就能因「照見五蘊皆空」而消除內心的痛苦，得到心靈無拘無束的自由與喜樂。

宗教信仰只要是背離原先「回憶起自己本來面目」的本質，就只剩下個人權力私欲，塑造偶像崇拜洗腦的造神運動。為了不讓追隨者發現這個祕密，所訴求的焦點，大都集中在儀式化的精緻度，透過儀式化來「討取神的歡心」與「平息神的怒氣」，宣稱叫你別崇拜「偶像」，自己卻來當那個你唯一可以留在內心裡去膜拜的偶像，所有做的一切事務、作業、功課都跟「回憶起自己本來面目」這件事毫無關係。

⊙〔案例〕

舉個當潛意識裡的三大扭曲印記信念下[1]產生的行為模式為例。向信仰的對象祈禱請求庇佑，能否改變自己潛意識裡印記信念模式的觀點呢？

有位年約三十五歲左右的女企業主，因為她經營的銷售公司業績開始逐漸下滑，已經有了段時間，已影響公司的營運了。這段時間她去學習及參加許多關於突破銷售力、提升說服力、斜槓思考決策力等等的訓練課程及講座，也請教了這些課程的主講專家，有關自己營運上的問題。但「無論如何努力」，都沒有太明顯或穩定改善的情況。

甚至走了許多旁人推薦的寺院宮廟去參拜，依照神職人員的說法，需要行善佈施與做法會，才能消業障改變危機，她的確花了不少錢在法會上，也捐了數次為數可觀的款項做善事。為了能真心感動神佛，還親身參與寺院宮廟的行善活動，期望得到神佛對她的眷顧，幫助她的事業能夠轉危為安，業績收入和營運能夠從此一帆風順、蒸蒸日上。

但是已經過了一段時間，所有的營運情況依舊起伏不定，毫無起色。原先已經令她焦頭爛額的繁忙公務，讓她精力耗費不少；再加上這段期間參與寺院宮廟的法會與行善活動，讓她的體力

1 三大扭曲印記信念：創傷情緒印記、移情印記、罪疚印記。請參考我撰寫的《量子轉念的效應》一書。

負擔已經快到了耗竭的情況，連帶的在健康上也開始有了警訊了。

她在找不到問題點時，因為某個機緣，在Facebook意外看見某個人的貼文，文中除了分享了自己來參加【量子轉念引導技術系列課程】外，還被專業的雨曇老師一對一轉念引導後，其心得和生活上的改變。於是她搜尋了關於我及【量子轉念引導技術】的資訊，在輾轉機緣下，向我尋求預約一對一轉念引導。以上便是她在被我一對一轉念引導時，說出她是為何需要求助這量子轉念引導技術的原因。

當我逐漸引導她，從這些事件，回顧自己所遭遇的所見所聞、感受、情緒、想法與行為的反應模式，並且不斷深入潛意識裡，延伸時間軸到過去，有哪些目睹或遭遇，像似歷史重演的記憶。結果在經歷數個小時的回溯，她完全毫無預設立場及設防之下，說出了童年的一件往事……而且當我在引導過程中，從她敘述的來龍去脈裡，我發現這件發生的事裡，就是埋下今日她事業危機的關鍵轉念威力點。

當年她大約十歲左右，住在鄉村，常和年約五歲的親妹妹到附近的河邊玩耍。那天又和妹妹去河邊玩，當時她們倆玩著各自摺好的紙船，放在河裡讓紙船比賽，比了幾次，都是姊姊的紙船先到達她們約定好的終點。妹妹就有點不服輸，接下來的這次紙船比賽，妹妹緊緊貼進岸邊，試圖用吹氣的方式，讓自己的紙船能航行速度加快，結果妹妹一個重心不穩掉進河裡。不僅如此，那道河有點深度，妹妹不會游泳，當場溺水呼求，後來妹妹因此溺斃河中。這件事令她十分自責懊悔。

當我不斷地以【量子轉念引導技術】的技巧，引導她回顧還原當時她五感官真實的接觸和記憶，她說她眼睜睜目睹著妹妹呼求的表情，殷切盼望她救助的眼神，聽著她喊的呼求聲：「姊姊，妳快救我、妳快救我……」直到妹妹的頭逐漸下沉到河裡。

我不斷引導她反覆地透過敘述，再次經歷面對這些內容，就像按下影象的重播鍵一樣，不斷地重播著這些劇情。她內心自責與懊悔的痛苦，隨著臉上的淚水不斷地湧出……她說：「為何我沒有能力救她？」「為什麼我不會游泳？若我早點學會，我就能夠救我的妹妹，她就不會溺死了。」「我為什麼這麼貪玩？帶她來玩？」……這幾句話，她反覆不停地說。

這裡我必須向大家說明，在這極度的心靈創傷下，反覆不斷如跳針般的重複語言是誰聽到了？是「自己」。所以這些語言等於把原先藏在心裡的推測，變成現實的證明，它會重新更強烈地暗示自己的潛意識。這些語言不是單純的語句，而是這現實世界的運行規則，它就成了你該如何生存與生活的「核心信念」。等一下我交代完這個案例之後，會再提示大家，我是怎麼推論出這個邏輯性。

我運用技術裡「生死告白道別法——人格扮演」技巧，在潛意識裡，讓這對姊妹的意識能夠在「量子糾纏」下，達到「跨越時空遠距對話」的目的。

在對話中，姊姊對妹妹訴說著自己的自責與懊悔的心情，無法原諒自己的無能為力。妹妹卻回覆姊姊說，自己的好勝心與求好心切造成的意外，並無責怪姊姊的想法；呼救行為是本能反應，即便向姊姊呼救卻未能得到救助，也不是姊姊的錯，畢竟姊姊不會游泳是事實。

可是，令人費解的是，妹妹都已經不責怪姊姊了，換句話說，受害者都不認為自己是受害者，並且不責怪加害者，姊姊的回答卻是依然自責、愧疚，無法真的得到內心的解脫。

在這裡，我發現了一個再度證明「意識創造實相」的證據：在「事實上」，妹妹已經寬恕（應該稱不上寬恕）也沒有責怪姊姊了，以因果邏輯關係來看，沒有了「受害者」的角色，那麼跟這件事有關的「加害者」角色，應該也要同步不存在才對，為什麼「加害者」還不斷自責內咎？

答案就只有一個：加害者自己「心裡認定」自己就是個「加害者」。這標籤是自己已經貼上了，不管事實是如何，都不重要，重要的是這「標籤上的名相」。除了自己願意將它撕下來，否則再多道理、規勸、赦免、寬恕給予這個加害者，加害者依然無法真正解脫。

所以，我就再度運用技術裡的引導技巧協助姊姊，從自己內心真正希望妹妹得到的結果：「希望妹妹能夠安心歡喜的走向未來的旅程。」跟自己：「我真是個糟糕的姊姊，沒有能力保護妹妹，害她無法順利過完該有的人生。」的自責理由、情緒和心念，兩者是一致的？還是矛盾衝突的？她這時才發現是矛盾的，而且還自覺到，這矛盾是來自於：

「自己只想要透過『自我懲罰』來作為自我提醒『我是個犯罪者』的標記，其實這等於像是古代的犯人，身上或臉上被烙印，來昭告世人這人是犯罪者，要大家特別留意他，也讓這個人永遠被剝奪自由與正常人的生活，所做的一切只有『贖罪』的意義，沒有值得被尊重、看重的意義。這樣的心念思惟邏輯，不是在處理事情，不是針對錯誤進行反省修正，也不是真心懺悔，而只是自願『陶醉在自我摧殘的泥沼中』。」

當這位女企業主透過我的技術引導下自覺的同時，她願意面對妹妹誠心的寬恕自己，妹妹也心滿意足的告訴她：「我終於可以放心的離開了。」原因是妹妹一直對姊姊內心的自責與自我懲罰的心念感到牽掛，妹妹覺得姊姊因此把自己的人生過得如此不快樂，甚至把這樣懲罰自己的心念投射到自己的事業和人際關係上，感到非常的憂心，無法真正放心、放下姊姊。現在感受到姊姊能夠放下這份愧疚，她終於能夠放下和解脫。

在引導姊姊和妹妹道別後，我問了姊姊：

「在當時回溯妳眼睜睜看著妹妹溺水時，你不斷像影片回放的說：『為何我沒有能力救她？』『為什麼我不會游泳？若我早點學會，我就能夠救我的妹妹，她就不會溺死了。』『我為什麼這麼貪玩？帶她來玩？』……這幾句話對照到妳來求助我、我在【量子轉念引導技術】的提問裡，妳察覺到了什麼關聯性？」

「有，我發現我下意識裡有『我要學很多東西，才有能力保護自己想保護的珍貴事物』，例如：親人、事業、人際關係。但是，我內心當中又有一股聲音在提醒我，『妳不可以再錯失任何能保護的良機』。所以我發現，我自己學那麼多東西，並沒有讓自己得到真正的安全感，因為我還是不放心，老是想會不會錯過什麼？看起來像是自己有『未雨綢繆』的觀念，事實上變成一種『強迫症』一樣，對於團隊干涉與控制太多，讓他們在做事上，不僅畏首畏尾還綁手綁腳。這也會反映在銷售服務的行為上，每個人幾乎都怕犯錯、都不太敢發揮自己的能力，這樣子的銷售，當然無法讓客戶感受到產品的價值。然後我又只看報表數字來認定團隊的狀況，責難、要求甚至高額獎金都難以回天，這樣的惡性循環，業績當然江河日下。」

「還有嗎？」

「有，這樣的狀況也應驗在我的人際關係上，包括和廠商、投資者與合作團隊的交流上，讓他們逐漸抽手旁觀或者解除合作關係，有的就乾脆將我們的商品在他們的銷售平台上坐冷板凳，不特別介紹也不是特別顯眼。我終於知道了，這一切源自於我自己深藏的自責感，在影響自己對事件遭遇的思惟判斷。我相信現在沒有了這份自責，我能夠將意識專注力焦點在『事件本身』，而不是『我要預防自己再犯錯』的思路上。因為，若焦點在『我要預防自己再犯錯』上，焦點會變窄，無法真正客觀地了解一件事件的來龍去脈及前因後果，反而會將一件事造成斷片不連貫，就是斷章取義啦！這樣怎麼可能真正掌握事情的全貌？」

「那對於妹妹意外溺死這件事，包括妳為了改善事業，到處求神問卜、做法會、做善事等等這些作為，有發現到什麼關聯或想法嗎？」

「有，我原以為妹妹這件事對我來說早已經是過往雲煙，雖然表面上我的理智告訴我，那是一場意外，但是我內心深處卻不是這麼定義這件事。我認為是我的錯，而且沒想到，這個影響並沒有隨著時間流逝、我的人生成長，而絲毫減弱，比較像是在心裡挖了一個洞，把這件事裝進時間膠囊裡，然後埋起來一樣，它只是『被藏起來，並不是消失』。我也曾為了妹妹這件事，花了不少錢做法會超度她，如今我才發現，『真正的超度，不是表面做做樣子，而是要將自己內心那份自責感超度掉，就是：真正的轉念釋懷才能超度。這沒有誰能夠代勞或決定的，就算是神佛，也無法強迫你的選擇和決定。』所以我要自己真正的醒悟，才能解決我內心的問題與痛苦，包括我自己的營運危機也是。」

⊙面對自我→自覺→離苦得樂

前面我有提到「在這極度的心靈創傷下，反覆不斷如跳針般的重複語言告訴自己，等於更強烈地暗示自己的潛意識，這是現實世界的運行規則，成了你該如何生存與生活的『核心信念』的邏輯性」？現在這個女企業主，被量子轉念引導中的自覺領悟內容，就揭示了這個邏輯關係了。

這樣的案例，在求助【量子轉念引導技術】超過千位人次的來訪個案中比比皆是。這些來訪個案人次裡，有的彼此不認識，或未曾交流過，但是當達到這技術裡的「轉念威力點」的時候，他們所領悟到的共同點，都離不開這個核心：自己要有絕對面對自我的決心，然後自覺，才能真正使自己離苦得樂。

很多人對於自己所信仰的宗教，出發點不是為了「面對自我」與「自覺」，就只想要像一個小孩，找大人來替自己的惹是生非善後。就算這位「大人」這次保護了你，在你自己的潛意識裡，三大扭曲偏執的印記信念驅使下，自己就真能一直安居樂業過一輩子？

例如，我們曾看過有人因為被路人看了一眼，然後就莫名引起爭執，被看的人想動手打人，當有旁人為了讓想要打人的一方不要促成大錯（這旁人也許是其他的旁觀者，也可能是其中一方的朋友，也可能是具有公權力的警察），試圖阻止他不要衝動行事，但那位想要打人的一方還是會甩開阻止他的人，就是非得要貫徹執行自己的衝動，有如飛蛾撲火般，結果鑄成了大錯。這樣的例子在身邊屢見不鮮，在新聞裡也絕不少見。

由此可證，當人們內心的偏執以及執著的認知啟動了，而且正在付出行動，如同上述舉例的那些要幫助他不要鑄成大錯的人，若換成是神佛或上帝的角色，你覺得結局會有所不同嗎？

可見神佛並不是一個能夠從外在來拯救你的一個神祕力量，真正拯救自己的那一股神祕的力量，其實就是源自自己內在的清明心靈與意識。看看在新冠肺炎疫情的這個過程中，有很多的宗教因為集聚聚會，為了表象上的儀式，而爆發了群聚感染，難道這個是神明不保佑嗎？過去不是吹噓，神的力量可以透過你的信仰力量得到救贖？那為何這一次，這麼虔誠的信仰力量卻不靈了呢？該不會由你去證明了，這世上根本就沒有神的存在呢？還是說，我們對於「神」的存在與形象，認知上的邏輯本身，就是有嚴重偏差和誤解呢？

我表達這一段內容的目的，不是在於要去詆毀神、批判神的神聖性，或者用來批判、否定任何一個宗教的存在事實。我的目的是發問，因為對一件事的疑問，能夠幫助我們真正走進真相的答案。所以新冠疫情正在幫助我們醒覺自己一直自以為是的愚昧偏執，訴諸外求的迷信方式，來包裝真正正確的信仰模式，所以這個幻相，就會在這一次的災難當中被戳破了。

這場新冠肺炎的疫情，已經非常明確地告訴你：過往祈求「仰賴另一個強大的外力，來庇佑自己得到保護」的迷信時代已經結束了，你從新聞媒體上，已看見許多地區國家，因宗教群聚祈福，卻反倒讓新冠病毒快速群聚感染，導致疫情大爆發。為何神、佛、菩薩沒有保佑現場的「忠貞信徒」？沒有「展現迅速療癒的神蹟」[1]？

有句話說得相當真實：「別與事實爭辯，那只是徒增煩惱和痛苦。」這些事實不就在告訴你，自己必須為自己的心念與行為負責？而非將自己無明的心念和行為的後果，不自我反省，反而要賴給眾神。

⊙精神層次與物質宇宙是一體的

關於「靈修」部分，大部分人是以鴕鳥心態、眼不見為淨的躲進「心靈度假天堂」裡，遠離

1　直到我在寫此書的這一刻（二〇二〇年十二月上半月），全球各地疫情又再度快速爆發增加感染人數，十二月十日單日至少增加 494,744 人感染，全球確診數高達 68,838,273 人，已經有 1,568,512 人因新冠肥炎病逝。

世間塵囂、放鬆身心為靜心冥想的目的。這是以「分離的幻覺」躲在一個獨立的「世外桃源」，並不是以「照見五蘊皆空」為基礎「回憶起本來面目」的結果下，達到了解「一體」的事實真相，發覺世上並沒有任何對你的威脅是真實時，內心自然地因為自在，而放下原先自認會焦慮或煩惱的事物。

靈修原本的目的，是讓您自己能夠回憶起，你跟原本這一個所謂的「神聖的力量」，兩者「是一體」的，「不是分離」的，而且你就源自於祂。其實「源自」的這兩個字，只是告訴你，你原本的出處及身分，這說法並不代表你是「被祂生出來」或是「被祂創造出來」。以量子力學的立場來看，「目前的你是自己的觀察者，也是自己的被創造物」，這些話只是在傳達這核心訊息給你——「你跟祂原本是同在」的意思。

但是現在的靈修者，不管是身為靈修教導者或是學習者，都把靈修變成了是一種：靠尋求外力，協助自己實現內心匱乏的事物；或者是美其名為「看破塵世」的超然態度，實為逃避面對自身未解答的人生課題的行為。因為他們自以為：我只要拋棄了有形的物質形體和物質生活，就能夠讓自己的精神層次與靈魂，更加地神聖與進化。

其實，這樣的認知觀念，是把物質（肉體、生命、金錢、人與人的感情與關係、物質生活）當作就是會污染靈魂聖潔的穢物，但自己卻忘了一個非常重要的事實：這物質宇宙是「由誰創造的」？你所存在的宇宙跟物質宇宙，是兩個各自不同、不相關、完全沒有互動交集的嗎？無論你所信仰的神，祂名號是什麼，都是代表著「唯一至高的精神體」，既然是由「唯一至高」的意識所創造的，那麼精神層次與物質宇宙就是「一體關係」，既是一體，怎可能完全擺脫？

物質宇宙是由精神層次所創造，你不去了解自己所創造的東西，卻一天到晚怪它障礙你、影響你，這不就是一種相當可笑的偏執行為？這種偏執的靈修觀念，只是會讓你一直逃避你原本應該要去了解的生命實相課題，並不會讓你及你的精神層次顯得更加神聖，或者清明、或者是聖潔，它只是會讓你一直躲在一個自己用幻象包裝起來的神聖區域上，事實上這區域的本質是個醜陋、扭曲、灰暗的磁吸能量場。

⊙神祕學：解釋人的心靈意識是超越感官覺受的

關於「古老神祕學」部分，它原先是指「隱密」、「祕密」的知識，因為它涵蓋的範疇是超越肉體五感官、經典物理學、心理研究，它只為特定、被篩選過的對象傳承，不是屬於大眾都可以學習的知識。一般人難以接觸，自然感到困惑與驚奇，當然在大眾的角度上來看，這一種知識的確神祕。

但是以當時的知識水平，對於超越五感官辨視的宇宙實相運行規則，一定是難以置信，若沒有篩選出悟性較高、天分較高、品格高尚與願意相信超越肉體五感官的人，作為傳承知識的接棒者，在當時多以君主專制體制的人類社會，我想要不是陷入社會的軒然大波，要不就是鋃鐺入獄，甚至變成為了權力名利的邪惡者。因此，它不是為了成立某種「神祕」、「詭異」的地下組織為目的，也並不是要讓人們對這知識的看法，掉入一種虛無玄妙、神祕未解以及恐懼它的祕術。

很多人對於「牌卡」跟包括「預測」這一些初始與存在目的的概念，是有很大的曲解。神祕學原本是在解釋人的心靈、意識是超越五感官覺受的範圍，並且和宇宙一切元素有相互輝映的連動關係，提醒學習者，要觀察眼前發生的現象，它內含隱藏著什麼心念的關聯，別被眼前的表象給迷惑住了。

請別忘了，在過去古代的人們，對於很多名詞的意涵，對於生命產生的很多現象，其實是有非常多的盲點、未知和不明就裡的茫然。礙於當時的文明、學識、科技的限制，對於世界、生命等的領域，無法去了解到它真正發生的理由以及原因，這也就是為什麼，現代人們的學術與科學會慢慢地進化與精進，開始非常細部精微去分門別類的原因。

尤其是有關精神層次以及心靈這方面的解釋，別忘了，這些都不是照我們肉眼可見、可識別的一種現象。好比空氣的流動，就像是原子、中子、電子等那些粒子的運動現象，也都不是我們肉眼所能夠看見的，更別說細菌的傳播運動方式，我們都沒有辦法單憑肉眼去看見。

所以，在人們只能夠依靠五感官的辨認方式去理解事物的時代，對五感官無法去辨認的抽象存在，或者是隱藏於超越五感官所能夠接觸的頻率範圍外的這些事物活動，根本是完全無法迅速去印證它，更別說去認識它。當這些微觀世界的事物，在這樣的認知時代背景下，被有些人在現實生活上表現出來，都會令旁人對這些現象的看法感到特別神祕。

縱使到了二十一世紀的現代，也還是有人能夠察覺到超越自身五感官的感受反應。但更多的人根深柢固的認為，只要無法用五感官去辯證的事物，或者是現代的專家學者們還在研究中，雖然發覺它們顯化在現實世界裡，但還無法找到證實這些超越身體五感官的科學方法，或順理成章解釋出它們活動的模式、規則及脈絡時，人們也會對它們感到特別的神祕。

⊙牌卡、占卜只是提醒自己的工具

關於「牌卡／占卜」的部分，想要掌握自己人生命運、趨吉避凶的想法，本就是與生俱來想要求生的本能。

世上任何有週期性規律的事物，一定都會有「生（產生）」、「住（持續）」、「異（變化）」、「滅（消失）」這四大特徵的狀態。在那個時代背景之下，礙於文明科技發展緩慢，對於我們所身處的世界的認識，是十分有限的，因此，可用來描述生命和世界運行規則的詞彙，也是相當有限的。

「利」與「不利」，「吉」與「凶」等等這些二元性的相對用詞，本身的闡述是要表達出「遵循自然法則的週期性，就會使自己得到省力又順暢的情況」、「違逆自然法則的週期性，就會導致讓自己的行動費力、停滯乃至感召傷害到身上」的兩種會在人生裡出現的模式。就像是我們決定實施某個行為，這個行為的內容，到底符不符合地球的自然生態規律，或者有無符合人體工學，是一樣的意思。「利」與「不利」，「吉」與「凶」，只是把會出現在人生裡的模式，用精簡的詞彙作為提醒。

占卜行為為何會有準確的結果？

現代量子力學已經證明，人類的意識跟物質宇宙裡萬事萬物自身的運動頻率，彼此間在我們肉體五感官沒法得知與接觸到之下，仍然可以交流互動；像是雙方保持著鏈結般，難以用言語說明，更無法提出實體的證明，只能利用不同圖案的牌卡，來代表這些隱藏於五感官、無法感知自然法則的每種運行規律，就像是「標註」、「註記」的功能一樣。當「標記」的項目超過某個數量時，就晉升到以「組合」的方式來作為標記，A組合是什麼自然法則的模式，B組合是違逆某個自然運行法則後得到的結果，這也就是占卜裡所謂的「吉與凶」的原型樣貌。

用執行占卜的工具或用品，來作為無形體的意識具象化表達的代替品，這樣的目的有個好處，就是簡化宇宙規則裡複雜與不同的事物，藉此讓人們能夠很快地幫助和提醒自己，去覺察隱藏於五感官所沒有去留意到的盲點，包括所謂的「命盤」也是同樣的用意，類似於我們現在在運用、提醒自己每日工作與生活作息的「備忘錄」，也是一樣的用途。透過這一種記錄，與記錄行程裡需要提醒自己用的符號或註記，來幫助自己在現實生活當中，避免因為有太多事物變化的干擾，造成分散自己的注意力或遺忘了該事務。

這作法還有個附加價值，那就是：在初學者自己，對於很多規則還沒有完全熟捻與掌握時，透過這些已經事先定義好的牌卡、象徵的物品、命盤等工具，來幫助學習者或求助者，從中逐漸熟悉、掌握及提醒自己，檢視目前自己產生的想法邏輯與行事模式，是否與「宇宙自然法則運行」相符？還是相悖離？

這個幫助自己的技巧，就有點類似於中國古代使用的農曆一樣，透過觀察我們周遭自然生態的運作跟氣候的變化間，有著什麼反應，對應到農作上有產生什麼情況及結果。

為了方便提醒自己，從長期觀察當地氣候及環境變化，與耕作間的關係、連鎖反應，發覺到，許多農作、氣候環境，與人的日常生活間的連動反應，其週期性規律，歸納、整理、設計出了以不同的節氣作為分類的標註，協助自己和大眾在日常中的飲食、工作、作息等生活的依據。畢竟人的一生在地球上經歷四季變化的週期、時間的長度，有著為時不短的日子，如果沒有找出一種方式來做記錄，那我們的確是很容易會被日常生活瑣碎的事情給分心淡忘。

可是，現在的人們卻逐漸遺忘了這工具真正的用途，僅關注這占卜下的結果，來作為行事的樣板，變成只執著於外在一個表象的符號，卻完全漠視了自己內在意識的運作法則，掉入了改變外在有形的部分來處理問題，卻覺得跟自己內在的價值觀、認知模式等內容無任何關係，自己完全無需做任何思考及修正價值觀的行為，只要能改變外在有形的物質或環境，就能改變自己的生命品質。這樣的認知成了「牌卡／占卜」存在的定義，這已經偏離原先創造出牌卡占卜者是以「人的意識、情緒、想法與萬物是緊密連動的一體」為精神核心的本質了。

無論是煉金術、占星術、牌卡占卜、命理、魔法、薩滿、宗教、咒語、能量、花精、通靈、鏈結高維或外星訊息、禪修、靈修、瑜伽、脈輪、新時代運動（The New Age），各門各派的儀式儀軌或另類自然及能量療法……等，都有個共同核心原則，就是：都要依據「意識與萬物眾生是一體的關聯，牽一髮即動全身」，及「了悟這些連動關聯性與各產生的結果現象，並尊重共生共榮，即為了悟完整的宇宙實相法則」，作為運用方法的起心動念。否則，下場要不是把這個「助人醒覺、做自己主人」的輔助工具，變成誤人走進「走火入魔的邪術」或是「操弄人心的迷信」造神行為，目的是為了滿足自己擁有威權與榮華富貴，合理化、正義化控制占有他人的私欲工具。

所以，以上的總結，在在顯示出，我們一直都用錯誤認知的信念對待著「信仰」，卻不是用「正信」的基礎在信仰我們口中的神、佛。由此可知，真正對「宇宙實相運行法則」了解和臣服，以及願意以順從「宇宙實相運行法則」作為人生生活依據下的「正信」，才是真正恭敬心的敬仰神、尊敬神的臣服行為。

用迷信、推卸責任的甩鍋心態，然後用交易、賄賂利誘神佛（捐款或儀式的金額大小），來幫我們自己製造出來的危機擦屁股善後的行為，卻「包裝成虔誠的信仰行為」，這樣的心態與作為，才是一個真正最大褻瀆神佛的行逕。

自己不敢面對、承認內心這類匱乏貧脊又傲慢自大的心靈狀態，卻硬說成「這行為是來自於神佛的想法指示」。當具有思考力的人發現，這些行為跟經典裡記載的內容本質上有著矛盾，或神職人員與忠貞信徒無法自圓其說矛盾之處，而提出質疑的時候，神職人員或忠貞信徒就會說，這些提出質疑的人，正在褻瀆神的存在和語言。殊不知，真正在褻瀆神的，卻是這一些想要卸責要賴的人啊！他們綁架了神佛（高維意識）與信徒，或大眾個人之間的（內在神性意識）相互交流連結，跟人們探索宇宙實相運行法則的權利。

二、高維意識是什麼？

高維意識到底是什麼？是虛構？還是真實存在？

「高維意識」這詞到底是指什麼意思？它是類似於我們常耳聞傳說中，在宇宙中有個神祕又具權威的存在？既像人類社群模式的社會、有著高度的文明和規則？還是它是被虛構杜撰出來的傳說？

其實大家不用把它想得十分玄奧或者是過於神祕，以現代科學的用詞來理解它，就是高於原本我們自身所認識、已知的三維度空間上，任何一個維度時空都可以稱為「高維（High dimensionalit）」。

⊙高維意識是更擴大的視野

對於二維空間的存在體來說，三維空間存在的人類也等於是「高維」。人類的空間感視野，一定和共存的「二維以下維度存在體」的空間感視野範圍、角度不同，看到的物質輪廓、造型、空間感，甚至時間感也一定是天壤之別。在這現實的差別基礎下，形成對同一個地球世界的樣貌及自己一生的認知、想法，也有極大的不同。其實「維度（dimension）」也被稱為「次元」。

我們現在所身處的這三維空間，對應在空間感上，「視覺」看到的，範圍、距離、體積、面積、形狀等，其大小、深淺、高低。還有「觸覺」體感的，溫度、風、電、堅硬與柔軟、平滑與尖銳、冰涼與溫燙。「聽覺」聽到的音量大小、柔和悅耳與尖銳刺耳。「嗅覺」聞到的氣味香與臭、溫和與刺激、濃郁與無味。「味覺」嚐到的味道，酸、甜、苦、辣、硬、軟。

綜合五感官在這個地球上接觸到的一些變化現象。例如大自然氣候與環境的四季變換、日月陰晴圓缺、顏色與光影的變化等等；和同樣在地球上受限於物種生命存在形態的感官條件，如只能感受到二維空間的生物、在光線無法到達深海裡的生物、浮游生物、肉眼看不見的細菌等等各種不同的生命存在體。人類能夠感知到的時空變化，一定比它們來得豐富與多變，人類對於同一個地球上的認識及經驗，自然而然一定是比二維空間的這些生物來的更加的廣泛與多元。

以能認知的「十一維度時空」來作為區別分類的基礎，作為「意識維度（Consciousness dimension）」這一名詞的定義；同樣的邏輯，能夠以大於我們三維空間以上的維度時空認知的觀點意識，都可以統稱「高維意識」。

為了更容易理解這一點，我舉一個三維世界和二維世界兩者各自對現實的觀點作為例子。

⊙宇宙本身就以多維的狀態存在

首先假設有生活在二維平面世界的生命存在體，它們所能感知到的世界裡，只有長和寬這兩種狀態，他們的認知結構裡完全無法理解「高度（體積面）」這一維，例如：立方體、球體。因此，它們對三維的世界狀態，在感知上，只能將三維物體「投影」在二維平面世界的狀態，或者是三維物體接觸二維平面世界的「那個平面」。

你可以思考一下，一個活在二維平面世界的生命存在體，怎麼有辦法單憑著投影的方式，來想像三維世界裡存在物的豐富性和完整性呢？當三維的立方物體或球體與二維平面世界接觸到時，二維平面世界上的眾生，只能感知到這三維立方體或球體所接觸世界的「部分片段」，而且還只能以「平面化」來理解。

比如車子的四條輪子、人行走時印在地面上的兩足跡，二維平面世界的眾生他們完全想不透這些胎痕、兩足跡究竟從何出現？它們想像不出來，兩道平行胎痕是由四條立體圓柱型的輪胎滾動出來的；那像是Z字形的足跡，是由立體的、類似長圓柱型的兩條腿步行出來的，而且它們還是來自立體身體的人類身上的肢體之一。這些二維世界的眾生用他們的眼界來觀測這些「部分片段」，是永遠不可能組合出胎痕跟兩足跡在三維世界裡完整真實的立體模樣。

目前我們所身處的宇宙，正確來說，除了三維世界的認知下，包含肉體五感官可觸、可視、可聽、可嗅、可嚐的「物質」，還有超越三維世界五感官可觸、可視、可聽、可嗅、可嚐的「暗物質（含非物質）」以上維度的存在，這二大領域在內。因此，你若想了解自己的人生價值，最能就地取材的對象，就是「物質」所構成的宇宙；而要了解組成物質宇宙四大條件「物質、空間、時間、能量」的奧祕，就一定要從「意識」的方向下手；若只單靠已知的表象狀態來作為唯一探索的條件，非但會偏離事實，而且會遇上越來越多矛盾及不合理的證據。

較早時期所建立的粒子學說則是認為：所有物質是由〇維的點粒子[1]所組成。科學家發現，點粒子內部的空間，並非被制約在三維空間裡，而是多維的，這證明了高維存在的事實。

所以對宇宙正確的解釋是：「不是外在的宇宙裡才有高維的存在，卻是宇宙自己本身就是多維的狀態存在，只是我們人類只能感知到三維空間。」

⊙接近、探索、變換觀點視角

為了更容易理解前述說法，我們舉一節「長二十公分、直徑三公分」的三維圓柱體水管作為說明的例子。從我們的視角來俯瞰直視平放在地面上的這節水管時，所看到的水管卻是「長二十公分、寬三公分」二維平面面積的物體；從同樣的地表平面，遠距離看它時，它看起來卻像是一條一維的直線。

1 點粒子：維度為零，不占有空間，與物體的大小、形狀、結構無關時，只要離得夠遠，形狀任意的物體都會看似一個點我們的視力出現了什麼問題嗎？那是因為，我們的肉眼能解讀的空間感，與那一節水管的其他兩維是不一樣的。在遠距離看到的那節二十公分管子的「長度」容易被我們看到，但這僅是一維。當我們靠近它、直到在我們腳尖前，以我們的身高向下直視那節水管時，它的「圓柱體」被我們肉眼解讀成平面的三公分寬度。加上原先看到它的長度，結合起來，造成我們的視覺感對這節水管的解讀是長二十公分、寬三公分的二維平面物體。而原先繞著管子構成直徑的那一個圓圈的「那一維度」，因為它是「捲縮起來了」，變成很短，在我們肉眼視覺的解讀上有「盲區」導致「看不見」，不是那一維不存在。只要改變視角，例如走到那節水管的其中一個橫切面，才能看見圓圈的那一維，這時你才能「真正完整的看見」那節水管是圓柱體的物體。

宇宙裡的各維，就如同這水管的例子所比喻一樣，有些比三維空間低的維度，我們看得見；有些比三維空間高的維度，我們看不見；就算是已被我們看見的，若沒有再去「接近」、「探索」、「變換觀點視角」，我們得到的「已知」，也只是事實的「片面」，而非「完整」。

假如有一天，有個願意大膽探索未知世界的二維平面世界的生命，突然靈光乍現，他告訴自己的同類，我們的這個二維平面世界其實「不是宇宙完整的全部」，在二維平面之外還有一個「上」與「下」的第三維。如果順著這些「部分片段」朝「上」去看，其實「部分片段」是一個「立方體（球體）」的「一部分」。

這個「三維世界」裡所有的景象，有體積、有重量、有立體狀、有球體、能滾動、能跳躍、有飛行的生物、有能快速奔跑的眾生、植物能釋放不同的氣味、有日出日落……這世界有種高等的智慧生物叫作人類，他們能發明叫作建築物的東西來居住外，這東西還可以有數十層地、高高聳立在地表上；有許多交通工具，有路上跑的、海上航行、空中飛行等種類。以我們二維平面世界來看，能迅速到達我們需要花上好幾年時間才能到達的地點。只要你願意放下「這世界僅有二維」的想法，然後相信並且去探索三維世界，你就能見證到與體驗到，我說的這美麗豐富的三維世界。

不過這個石破天驚的見解，對大多數二維平面世界裡的眾生來說，若不是把三維世界誤解成存在於另一個不同於自己身處宇宙的「天界」、「天堂」，將三維世界的人類當成「眾神」般的看待，然後一直膜拜崇拜；就是有部分的二維世界眾生，堅持以自己在二維的感官功能為證明世界實相的依據，自認在二維世界，已經擁有全面的了解及解釋宇宙全貌的知識與方法，並將之稱為是高等文明的卓越科學。他們不願相信自己目光如豆的固執，導致無法理解「第三維」的事實，還對這些關於「立方體（球體）的第三維世界」說法嗤之以鼻外，甚至斥指其為「偽科學」、「怪力亂神」、「虛構」、「迷信」、「妖言惑眾」的評論。

這樣的情節，讀者們有沒有覺得十分熟悉？

也許，宇宙裡每一個維度時空的存在體，都有可能上演著同樣的戲碼劇情，認為他們自己身處的那個維度時空，就是完整的宇宙實相。還有一種更令人無奈的情況：就算是同一維時空的生命存在體，也有智慧與見解的高低遠近之分，別說是對於「高於一個自己熟悉認知的維度世界」無法理解，更遑論是高於自己所處維度的二個或三個以上的維度世界，那是要如何去理解到和相信了。

我發現這樣的規則，同樣可以適用在自己的學習方面，與人生意義和人生價值方面上。

⊙不受空間維度的限制

我們對於「宇宙實相」、「靈性與意識法則」、「生命起源」、「人生意義」、「生與死的輪迴」、「靈魂五大課題」（愛，金錢，健康，關係，勇氣）、「我究竟是誰？」的認識，往往也是如此，以為自己了解和掌握了，事實上，就像是我舉那節水管的例子一樣，或許有的人只看到了一維的線性長度，有的人能夠看見二維的長寬平面面積，當然他對上述的體悟與觀點，一定會比只看到一維來的多。更難能可貴的是，看見上述那些知道第三維的人，他對生命實相等等的體悟與完整度，肯定比各自看到前兩維的人還要深入、豐富的。

量子力學科學家研究發現，組成物質的「最小零件」就是「弦」，「弦」它比原子、電子、中子、夸克還要小，是所有這些基本粒子的組成基礎；不過不能把它當成是一個實體物質，它會伸縮，且一直都在高速振盪中，大約一秒鐘振盪是十的四十二次方赫茲。有「開弦（open string）」[1]及「閉弦（closed string）」[2]的現象。

一根弦還能分裂成更細小的弦或者分裂成兩根小的開弦；也可以形成一根開弦和一根閉弦；一根閉弦還可以分裂成兩個小閉弦，兩根弦碰撞可以產生兩個新的弦，也能與別的弦碰撞構成更長的弦。

當「弦」在時空中移動時，弦的運動會更加複雜，導致三維空間已經不夠容納它的運動軌跡，必須要「高達第十維的空間」（經由數學方程計算的結果）才能夠揭露出它完整的運動軌跡和模式。就像人的肢體運動行為複雜到無法在二維平面中完成，而必須要在三維空間中才能完整看見，是一樣的情況。

不同的弦就有不同的振動頻率，不同的振動頻率會形成不同的基本粒子。然而基本粒子就像組合成實體物質的磚塊、鋼筋和水泥等材料，不只在三維空間中振盪，甚至還能夠在目前人類無法以五感官認識的高維空間中振盪。也就是說，「弦」不受空間維度的限制，以波動的形式，到處都在，這也是「超弦理論」裡重要的核心之一。

由上述的說明，我們發現「相對論」與「量子理論」是如何產生矛盾與不合理的原因：這兩個理論在日常的三維空間裡，是不可能一致的，只有在高維空間裡，這兩者才能得到統一的結果。

1 開弦（open string），形成。有兩端點的線段，可以想像成離開頭皮的一根頭髮。

2 閉弦（closed string），形成一個環，可以想像成一條圓形的橡皮筋，它不僅有環形，也有像是六芒星的星形等。

以目前量子力學的M理論[1]（M-theory），來解釋我們的宇宙時空共有十一維，每一維的存在體意識，感知到自己所身處世界的樣貌，一定與低一維的存在體意識所感知身處世界的樣貌不同。這些知識對我們的「意識覺醒」、「轉念」有緊密不可切割的關聯性，這我們在接下來的「意識覺醒的迷思」章節裡會再簡易敘述。

在我研究「人類意識」、「潛意識」、「集體潛意識」、「情緒」與「轉念」這五個重要關鍵的連鎖反應和交互作用當中，我曾提到過，我們的意識與心靈本質，就是以「弦」的方式在宇宙裡存在與活動著，「潛意識」與「集體潛意識」本身就是一種以不同維度且相互聯通的體現[2]。

⊙記憶究竟存於何處？

瑞士「藍腦計畫」（Blue Brain Project）透過一個最新模型的描述，人腦是由「多維度的幾何結構和空間」構成的。

1 M-theory，M代表膜理論（Membrane），也包含神祕理論（Mystery）、魔法理論（Magic）的意思。雖然弦理論和M理論基本上是相同的，但M理論是一個更完善統一各種弦理論的理論。

2 關於這方面，讀者若有興趣，請參考我著作的《量子轉念的效應：逆轉生命印記，重返覺醒人生》與《量子轉念的效應2：量子心靈、多維時空、全息意識場》二本書裡，有透過【一對一量子轉念引導技術】，協助個案進入其潛意識裡，透過印記時間軸轉念的實際記錄，來輔助關於這方面的印證說明。

瑞士「藍腦計畫」主管是位神經系統科學家、也是瑞士洛桑聯邦理工學院教授的亨利．馬克拉姆（Henry Markram）說：「我們發現一個我們從未想過的世界，大腦中存在數千萬個幾何結構，它們可達到七維空間，甚至對於一些幾何結構，可以達到十一維空間。」

馬克拉姆教授說：「大腦記憶區域很可能隱藏在高維洞狀結構之中。」

當叫做「神經元」的大腦細胞組成複雜幾何結構時，科學家稱它們為「團」（clique）。人腦估計有驚人的八百六十億個神經元，每一個細胞的各個方向都有多個連接，形成了一個巨大的細胞網絡，以某種方式使我們有思想和意識。每一個神經元與鄰近神經元以特殊方式建立連接，從而形成具有複雜互連的幾何結構。越來越多的神經元加入「團」，從而使該幾何結構增添更多的維度。

團隊用到了一個名為「代數拓撲」的數學分支，以此在一個虛擬大腦內部，給這些結構建模，然後在真實腦組織中做實驗，以驗證結果。當研究人員對虛擬腦組織施加刺激時，神經元團便開始形成，且維度越來越多，團與團之間存在著一些空洞，又稱「空腔」（cavities）。

研究中發現：「人腦在處理訊息時會出現高維度空腔，這意味著，網絡中的神經元對刺激的響應是極為井然有序的。」

神經科學中還有一個難解之謎：記憶究竟存於何處？馬克拉姆教授推測說：「它們也許就『躲』在高維度的空腔內。」

這項「藍腦計畫」的研究，發表在《計算神經科學前沿（Frontiers in Computational Neuroscience）》的期刊上，這也代表著「意識」充斥在這些高維時空裡。

很多人都對「念力」、「心念」、「情緒」有很大的迷思及誤解，都把這三者當成一個「單獨個體」來看待或理解它。這種理解模式就像是在認識一個人一樣，難道你覺得，只把眼前看見的「這個人」，他的身高、體型、性別、種族、年齡等外型，加上你能夠「叫出他的名字」，你就認為自己「已經認識」他了？這是非常唯物且很局部、片面的觀點。你應該會再進一步，甚至投入時間，與他相處一段時間，才勉強自認為認識他吧？

⊙潛意識裡的相信，才是事實

同樣的情況，「念力」是指：由自己心裡先有了個「念」，而那個「念」會有足夠的力量產生，是基於你對某事物的「觀點」有絕對性的「無疑下的相信」，那個「念」才會是有扎實的力量。這基礎是「對某事物有無疑相信之下形成的觀點」，不是用自己「沒有到無疑相信」的觀點，無論這個觀點在邏輯上有多麼正確、正面，強渡關山的壓抑原先深植內心的觀點下，而表現出來的力量。

「心念」就是代表著「內心深處對某件事物始終相信其存在意義」的觀點，不需再檢視它已經成為理所當然的思考事物的基礎。若用這個定義的邏輯來看，真正的核心，還是在於「對事物定義的觀點」的這個過程上。過程，代表有時間流動、經歷、變化，是個「活的」，而非冷冰冰不動、僵硬、固著的物體。

「情緒」，那更不用說，也跟上面的邏輯一樣。不管是正面情緒或負面情緒的存在，都不是獨立性的，都是被隱於潛意識裡的觀點驅動著的結果。我們在之後〈情緒無法被管理，意識轉念才是真身〉章節再做說明。

以上的簡述，綜合起來，我們就可以得到一個共同點的事實：要改變潛意識裡的信念系統，不是用甜言蜜語、灌迷湯式的正向語言，就能夠改變潛意識裡原先對正向語言有衝突的觀點。對原先潛意識來說，這些外加的正向觀念，就像是吃進對身體不健康的含高糖分食物。

甜食、含糖飲料大家都愛，吃甜食、喝含高糖分飲料會讓你有幸福感，現有的健康知識告訴我們，原因是：這些甜食飲料會讓體內的血糖瞬間爆升，接著引發胰島素要控制爆升的過程，會讓芳香族胺基酸進入腦部和血清素合成，讓大腦產生幸福感。不過若長時間養成這樣過量的習慣，不單單會造成身體很重的負擔，還會埋下日後失去身體健康與身患重症的慘痛代價。

不是潛意識裡原先認定、相信為事實的「正向思考」、「正向語言」或「激勵讚美語言」，就像是加了全糖精的飲料或高糖分的甜食，每天把飲料當補充體內的水份喝，或是把甜食當成主餐一樣，看似立即得到幸福感，但是潛意識裡「相信」的是「負面感受才是真實經驗與存在事實」。結果這些「正向思考」、「正向語言」、「激勵讚美語言」卻被內心認為是「被蓄意加工的虛擬事件」；所以若真的養成習慣，不斷要以這些「正向思考」強迫潛意識接受，結果只會令自己更加挫敗、完全對自己感到失望、失去自信，讓自己的人生更加失控。

二〇〇九年加拿大的《心理科學》（Psychological Science）期刊，就曾登出一項有數位心理學家共同研究的報告，其中指出：常常告訴自己「我是可愛的人」、「我會成功」等正面評述，會讓部分人自我評價更差，而不是更好。

真正的「自我感覺良好」，是要透過自我內在探索出「可說服自我的合理經驗和答案」，才能被自己的潛意識所接受，而不是用人造加工去強迫潛意識接受。

強迫後的正向思考，在短時間內的行為表象上是改善了，那是因為在「鐘擺效應」下，過於極端行為的暫時性顯象，並不是出於潛意識裡自然而然的處事模式。在「真實」與「虛假」的相互鬥爭之下，最後勝出的一定是「真實」。「凡真實的，必定存在」[1]。

重點是你目前對自己的論定，是將「扭曲印記信念的基礎下組成的你」視為「真實」，還是將「本質上是完美實相的你」認為是「真實」？

這其實是個很深層的問題。在我研究中發現，絕大多數的人根本不想去觸及這個問題，所以永遠都用敷衍了事的心態繞過，那麼怎麼可能走向「答案」之路呢？

1 出自【奇蹟課程】。

⊙「接收訊息」是宇宙中的自然現象

還有再更令人瞠目結舌的亂象，就是偏執於追求接收高維度訊息或者是外星訊息表達的能力，以為這樣就能顯現出自己靈性的高級，還能當成拯救世人、度盡眾生離苦得樂的資格證明。追求不到這個能力的人，拚命要和有接收高維訊息能力的人拉近關係，或是想方設法要得到他們的恩寵，來凸顯自己在大眾裡的獨特價值與高貴。這些人不是不明白，自己內心沒有真正得到踏實與平安，只是想讓自己成為被叫不醒的裝睡人。

原先「接收訊息[2]」的現象，只是在這宇宙當中存在的自然現象之一，就像**IP**位址（**IP** Address）[3]一樣的概念模式。我們都知道，網際網路（Internet）在我們目前生活上的各種模式，已經是唇齒相依了。在此對許多不清楚它的運作模式的朋友簡易說明。

當裝置連接到網路時，裝置本身將被分配一個**IP**位址，作標識的用途。通過**IP**位址，裝置間可以互相通訊；如果沒有**IP**位址，我們將無法知道，哪個裝置是傳送方、哪個裝置是接收方。**IP**位址有兩個主要功能：標識裝置或網路定址（location addressing）。標識裝置的作用在於標識其網路介面，並且提供主機在網路中的位置。定址功能的目的是，將數據資料從一個網路模組送到目的地。

2 如：與神對話、接收高維訊息、外星訊息、天使訊息、精靈訊息、蓋婭訊息。

3 全稱 Internet Protocol Address，又譯為網際協定位址、網際網路協定位址。

在傳送數據資料的整個過程，IP位址充當著目的地的位置。域名（name）意味著我們要找的目的地，路由（route）代表著如何到達目的地的這個過程。

只要A意識頻率與B意識頻率能夠知道彼此的「域名」，對接到彼此的「IP位址」，就能夠自然在同一頻率上形成像「路由」的功能般，開始彼此相接「數據資料互傳」，由互傳想法達到溝通跟交流。A意識頻率與B意識頻率，讀者可以任意將人的意識與任一高維意識作為代稱去組合。例如：某甲意識與天使訊息，某乙意識與某外星訊息。

當你明白，這個有如我們在地球上會呼吸、能在體內自動分離出氧氣給自己、把二氧化碳及其他微量的非氧成分透過呼氣動作排出的自然法則（本能），是同樣的「理所當然」；怎麼會被訴求成，僅有帶天命之人才配得以進行與高維訊息交流？其他人就像是同廠牌的智慧手機，廠商為了行銷上區隔市場，才會把兩個同效能產品其中一款的效能封住，選作為低階款，讓兩者在運行中能夠產生差異。

不同維度的意識，本質上都是平等，並沒有所謂的威權、卑賤的階級之別。「天賦人權（自然權利 natural rights）」，即表示人類在自然界的本質上，天生就並非被區分為誰尊貴誰卑賤，當然也不是由哪個威權來決定，誰才有資格能夠跟神靈、高靈連結，表現自己是屬於宇宙裡靈性的上層社會般，比一般的人還來得進化，來得高級。

其實，做這樣的操作來讓人們誤解概念的接收訊息者，本身的心態就是傲慢、打壓其他人也跟自己有相同條件，這背後深層的心靈狀態就是自卑與恐懼。起因源自於：自己在現實人生裡，創造不出任何讓自己滿意或是引以為傲、有價值的人生，所以只能在絕大多數未自覺這本能的人群裡投機取巧，讓這些人誤以為，我有高人一等的地位，來提升自我的自信心。這不僅是炫耀虛榮心，也是前面所講的，是依賴的行為。

這樣的心靈意識，會吸引同頻共振的人群來相應連結。你若是一位對自己感到不自信，對自己的人生感到不滿意，只會嫉妒、抱怨，認定是他人的阻礙讓自己創造不出滿意的生命品質，不想努力獲得宇宙生命實相的知識與方法，幫助自己翻轉命運；而是試圖找到可以得到安慰與依賴的寄生對象，以為如此一來就可以仰賴被你寄生的對象，替你的人生路上披荊斬棘……那你這樣的意識狀態，就會和這些打造「自己有接到高維意識訊息能力」為威權者的人，彼此意識頻率配對與「同頻共振」，彼此共同組成迷信的網際網路。

不想跟隨宇宙法則作為人生創造的核心，卻在每年的年末跨年時，祈禱未來的一年能夠自動變好，現實的事實肯定讓你失望之外，繼續跟你如影隨形、同在的一定是「恐懼」，絕對不會是你口中的「神」。

覺醒意識的迷思

「高維意識」就等於是覺醒的意識狀態了嗎？這其實是對覺醒意識的誤解。這邏輯應該是：「覺醒的意識」一定是處在高維下的意識狀態，但是不見得每一個「處在高維下的意識」就都是達到覺醒的程度。

為何這麼說呢？我簡易的說明「覺醒意識」的定義是什麼？

⊙意識清明、知行合一，即「覺醒的意識」狀態

首先，不是指要達到唯物主義般，凡所有事物與運動現象，都要能夠精確測量計算出來的結果為依據。意指能夠覺察並掌握「意識狀態」與啟動宇宙運作的原理、現象、原因，能清楚明白它運行的週期規律，以及每種現象彼此交錯時的變化狀態和模式有哪些？並藉此能夠有弘大的心胸眼界，以尊重跟臣服宇宙整體生態共生法則，作為個人的處世之道，這就是一種「覺醒的意識」狀態。

例如：我們都知道，地球會有四季變化的原因，是地球的自轉軸傾斜，和繞太陽公轉的面（公轉面或黃道面）呈二十三點五度，使得受太陽光直射的範圍界於南北緯二十三點五度之間。造成夏至時，太陽在北迴歸線的正上方，北半球是夏季，南半球是冬季；冬至時，太陽在南迴歸線正上方，所以南半球是夏季，北半球則是冬季。而赤道地區在地球公轉太陽時，都一直平均被太陽光直射著，因此除了夏季外，其餘時間的氣候溫度差異不大。

隨著這四季變化的過程，地球上的自然生態與萬物眾生，在本是一體的基礎下，會隨著這個週期規律的變化過程，產生出不同型態的生命存在表現。

像是：在春夏秋冬季氣候的變化週期，自然界的山河大地、花草樹木、萬物眾生、海洋氣流等等，都各自因為在整體相互依存的大合作下，有著屬於不同季節裡的生、住、異、滅的週期，就像大型交響樂團通力合作演奏同一首曲子一樣，結合包容每個個體週期，通力合作，運行一個大規律，然後週而復始的構成生態循環。

然而，當你了解並親自感受到這個大規律的生態循環，你自然不會因為遭遇到氣溫發生變化、植物發生花開花謝，或天氣發生下雨、打雷、閃電等等現象中，有因「未知」的恐懼而焦躁與不安了。你的思考會在「已知的安心」基礎上，先以權衡大規律生態循環作為處世之道。因為你內心清楚知道，短視近利的破壞其他自然生態與眾生的共存規律，才是對自己危害最大的行為。

當你能夠在「意識清明」並「知行合一」的狀態下，就叫做具有「覺醒的意識」狀態，跟這個人的性別、年齡、身分沒有決定性的因果關係。

⊙不是高維意識就是有智慧

如果在宗教體系裡被刻意操作成「帶天命」，或者是被神賜封下的皇親國戚等威權者才有覺醒的資格認定，那麼二千五百年前印度的覺醒者悉達多，他就不需要花半輩子以上的時間，走了近半個印度大陸，到處去分享給所有願意找尋生命答案、想解決被生死輪迴煩惱的痛苦之人；並告訴每一個前來求教的人，你自己身上就有「覺悟」的本質和資格，只要透過具體的「知識（心法）」和「方法（術法）」，讓自己「心術合一」，就可以幫助自己達到「意識覺悟的狀態」。當下便可以不必再承受偏執的三觀，帶給自己內心痛苦與現實煩惱的蹂躪，得到真正的身心靈自由。

要不是佛陀「發現每一個人都有資格做到的事實」，他又何必透過反覆實驗，研究（古代語法形容為：修行、體驗、親證、參悟）出一套具有「理論」及「實踐方法」，可以讓人願意學習實踐、達到覺悟的系統課程——「佛法」呢？若只有天生具有神欽點的特殊身分者，才有達到覺悟、與神對話的資格，那佛陀花上一生的時間徒步到各地，去宣揚「人唯有意識覺醒，才能離苦得樂」的理念與達到的方法，又有何意義呢？

在這裡我想提醒的是：不是所有高於我們人類三維的意識體，都是具有「智慧」（清楚明白，並相信宇宙實相法則運行與狀態的知識及事實）的，同在一個維度的每個獨立生命存在體，各自之間的智慧也有分高低的。

因為同在那一個維度裡，各自在「那一生的生命體驗」，在寬窄以及深淺上，所獲得並理解到的生命觀點，會決定各自的智慧高低與深淺。同樣在三維度的人類來說，不也是如此嗎？整體概括來說，三維世界裡，人類比其他物種生物智慧來得高等，這不也是分智慧的高低與深淺嗎？所以同在三維的我們，對某專業知識或技能的求學上，在教導者的選擇上，一定是選擇較有豐富經驗的。

假設有一天，我們其中有個低於三維或是一維的生命存在體，想要接收到我們三維人類的意識訊息，作為指引它的智慧參考。若是它接收到的是三維人類中的未成年小孩，或者是在人生中沒什麼學識、社會見識與生命歷練，甚至是想法偏激與無道德觀的人類，本身在自己的一生裡，就已經活在狹隘視野跟無明痛苦的人生當中；雖然這些人是身處在三維時空，相當於是二維與一維它們維度的高維存在，但是對於同是三維的其他人而言，其想法都不具有什麼智慧與建設性了，那麼二維與一維的意識生命體接收到這些觀點的訊息內容裡，會含有多少的智慧量和正確性？

⊙如何判斷訊息是否有智慧？

相同的，在我們現在的三維世界裡，自稱神明代言人、通靈者、高靈訊息接收者、神通者、外星訊息傳訊者、天使訊息傳訊者、乩童、預言者……等人，有些是真正具高維智慧啟迪人心的傳訊者，有些是低維偏執的意識為了取信人們來滿足自尊心，偽裝成某高維意識的身分來東誆西騙。接收者內在若屬同頻的心靈狀態，就算是接收到四維以上的意識訊息，也都是對準這類與自己「同質性」的IP，形成意識共振，然後相互利用、各取所需；更無奈的是，身處無明的人，就會去盲目追隨附和這類接訊者，形成共生的迴圈。

那要怎麼去區分呢？首先，你自己要先面對自己長年固著在潛意識裡的痛苦，透過轉念，來拉高自己的意識維度與寬度，如此你才能有「區別判斷哪些訊息是否具有智慧見解」的能力。

「炫耀、介入」跟「分享、指導」是不同的兩種心靈狀態。真正的高人不會沒確認過對方是否有需求，硬要去介入他人；及刻意炫耀自己懂得比別人多，這是恐懼自己不如人（這已經認定自己不如人是個事實結果），或害怕不被他人看見自己的存在（這已經認定自己在世界裡，是「毫無存在與被需要的價值」的事實結果）。

這些認知信念，都還是非常二元性對立的觀點；這樣層次的意識認知，怎麼會是有智慧的觀點？一個內心越豐富飽滿的人，是越無懼、無惑於自己在世上是否具有存在價值，因為他自己知道，自己在世上與宇宙間的定位與功能性是什麼。

宇宙裡每種定位與功能性，本質上都是平等的，有形的大小、範圍、高低等等的狀態，不過是為了「整體」的順暢，是分工下的區別，不是尊卑的區別。他不會只憑外在，被受限大小的物質，與被受限範圍領域的名銜證書，作為定義無限本質的自己的唯一證據，自然而然就不需要「目中無人」、「向他人炫耀自己的知識、名利、財富、外貌、身材……等外在有形的存在」為行事風格。基於本質是平等的觀點，他所表現出來的言行，一定是以「分享、指導」的形式，讓周遭接收到的人是被尊重的感受。

古老智慧說：低頭的是稻穗，昂頭的是毒麥（稗子）。

若通靈（高靈、神、天使等傳訊）者所通靈的訊息，內容核心是以「人」的五感官感知的唯物基礎，例如：你只要做 XX 次善事就可以得到 XX 金額的金錢收入，你只要做 XX 次法會（或者改運法會）就能解決過去世冤親債主的糾纏，或者只要每天唸 XX 次經文就能斬斷伴侶外遇的問題……等。這類完全不去朝「處理自己本身內在的信念到底出了什麼問題」的方向，只注重外在物質的改變，光靠物質交互的方式來解決人生遭遇的問題，毫無啟發你一絲絲關於「回憶起自己本來面目」的成分在。那麼即便所接收到的這些訊息，是來自「高維的時空」，但那些高維訊息對你而言，是完全沒有任何幫助的。因為訊息的來源僅是來自那個「比你高的時空」，不是在「比你高的時空裡有智慧的意識」，這兩者是完全不同的。一旦你去盲目崇拜渴求，你的心就帶著你進入到前面第二章節裡所說的，踏進造神迷信行為的輪迴裡。

⊙眾生都有「覺悟」的本質與條件

所以，別將能夠看見或聽見大部分人五感官感知不到的影象、聲音狀態的人，就把他跟「靈性覺醒」、「靈性進化」直接畫上等號，或者就極端的認為他們是有幻聽幻覺的「思覺失調者」，這兩者的觀點都是非常刻板局限的。

瑞士神經學家亨利．馬克拉姆（Henry Markram），在主持藍腦計畫中坦誠，在對人腦展開探索之前，科學界可接觸的宇宙最高維度是第七維度。自從進入人腦內部世界，發現它不僅可以回溯過去、暢想未來，甚至在人腦所製造的宇宙中，永生的神，早已在自己的世界中大殺四方。這已經回答了我們這章節裡所探討的重點：「高維意識」不在少數人的大腦裡發生，而是每一個人都是具有相同的條件，只是差異在個人是否願意覺醒和已經覺醒？

佛經裡就有不少證實這說法的證據記錄，例如：天人、梵天、天龍、鬼神、淨光莊嚴國的妙音菩薩等等，都從地球（娑婆世界：三維空間）以外的「其他世界」（不同於三維的各不同高維）來到人間，聽聞或領受佛陀說法（簡單說，就是來聽覺悟的人講宇宙實相運行的法則）。這不就在說，「意識的覺醒」跟「身處在哪個維度」無絕對因果關係，只跟「自己的意識對於宇宙實相運行法則透析與相信的程度」，有絕對的因果關係。

量子糾纏＋蝴蝶效應的世界

量子力學有一特殊現象，愛因斯坦稱之鬼魅般的超距作用（Spooky Phenomenon），即「量子糾纏」（quantum entanglement）。簡單說，就是兩個粒子彼此相接觸後，就形成了密不可分的連結關係，就像有了心電感應一樣，A粒子有某種動作，B粒子就像是A粒子鏡子裡的鏡像一樣，無時差地同步那動作反應。而且不管將兩者分開多遠，甚至是宇宙的兩端[1]，這個「同步連結的相互連動」絲毫沒有受到「時間」、「空間（距離、範圍）」的任何干擾影響或減弱。在前文裡的「百猴效應」，也同時將「量子糾纏」一併結合舉例。

「蝴蝶效應（Butterfly effect）」是連鎖效應的其中一種，指在一個動態系統中，初始條件的微小變化，將能帶動整個系統長期且巨大的連鎖反應。其意思即：一件表面上看來毫無關係、非常微小的事情，可能帶來巨大的改變，是一種混沌的現象。

1 可以把宇宙暫時想成像地球有個實體大小，這兩端相當於地球的南北極一樣遙遠。

⊙「思想」創造人生

「思想」本身就是有力量的，差別在我們自己有沒有將力量用對方向。例如：你的思想基礎若是以「被啟動潛意識裡偏執印記信念」為主，那麼你這個思想的源頭，就是使用了偏執印記信念的力量，這類型的力量，對自己的人生毫無建設與創造性。不僅如此，你最常聽到「感召」、「吸引力法則」、「意識創造實相」、「心想事成」等等這些規則，同樣是不違和、無誤差地為自己製造顯化在現實人生裡的諸多困境和不幸遭遇。

無論是以宇宙實相法則為思想源頭，或者是以潛意識的偏執印記信念為思想源頭，兩者均無差別的以「感召」、「吸引力法則」、「意識創造實相」、「心想事成」的路徑，遵循著「蝴蝶效應」這些連鎖反應，發揮在我們人生的大小層面裡，不間斷地作用著。

既然如此，「思想」就是創造人生重要的訊息啟動碼。可惜的是，絕大多數的人對於自己目前的思想內容，到底是以宇宙實相法則觀點為基礎？還是以偏執印記信念觀點為基礎？或是幾乎自我麻木到毫無知覺？

因為，「思想」只有在你潛意識裡深信是正確的觀點下，它才有真實的力量，轉變成實現在真實世界的燃料，「思想」是潛意識裡深信的信念所顯化的產品。你若對於目前所處的人生遭遇，或者是對所身處與感受到的世界，感到的是哪種面向，你要做的第一步並不是「盡快做些什麼來安自己的心」，而是「先覺察自己目前的思想，是源自於哪種基礎」？後面我會根據【量子轉念引導技術】的核心為基礎，為大家設計出人生各大層面的「量子轉念自我覺察法」給大家作為「自我覺察練習」之用。

⊙「直覺」的效應——心電感應

以「蝴蝶效應」來看，我們每個人都具備以意識連結彼此的能力。它常跟「量子糾纏」會琴瑟和鳴地加乘發揮效能，而且直接會以「意識」、「直覺」這兩種效應，在現實世界展現它們的創作品。

「直覺」並非經由大腦特定的分析推論之後的總和，是集體潛意識經由個人潛意識作為接收**IP**的反饋現象，通常是以「身處當下這一刻裡」各種未經我們感官思考的綜合判斷。

在桂格．布萊登（Gregg Braden）的《人類的心智能》（*Human by Design:From Evolution by Chance to Transformation by Choice*）書中曾提到，有個專門研究直覺的「心能研究中心」，裡面的科學家們在二〇〇七年的一項研究中，提供了我們：在直覺狀態下，心臟和腦會發生什麼狀況？

他們利用監測儀器測量，母親抱著嬰兒、但還沒將注意力放在嬰兒身上時，母親的腦波沒有偵測到嬰兒心跳的反應。當研究人員要求母親將注意力聚焦在嬰兒身上時，出人意料的，發現母親的腦波有了巨大的變化——嬰兒的心跳反應在母親的腦波裡。也就是說，當母親處於專注時，就會對嬰兒心臟產生的電磁信號更為敏感，也就是「心電感應」。母親與孩子的情感連結，已經有許多科學的研究紀錄了，相對的，人與人之間的關係中，也能存在這樣的效應。

我舉自己親身印證、實際發生的事件：

某天中午，我太太提早我大約十分鐘左右騎機車出門，隨即我也到住宅大樓地下停車場騎另一輛機車出門。

一出地下停車場門口，心裡就突然冒出一個念頭，應該說是「靈感」比較貼切：今天騎另外一條路去工作的地點吧！

就在這念頭起來沒多久，自己慣性的思考邏輯又出來干涉了：你臨時改的這條路線，也沒比你每天固定去上班工作的路線來得近，幹嘛沒事找事做？

基於我已經從事「意識覺醒」的自我鍛鍊與引導工作多年了，所以會較偏向內心的靈感直覺作為決定行動的選擇，拒絕表層邏輯性想法的干涉。此時，自然就給自己一個「要站在內心直覺」這方的合理理由：今天，我想體驗另一條路線街道上的景色，想要來點不一樣的感受，不想每天機械化、週而復始過一模一樣的刻板生活。因此，我還是繼續騎往那條不同的路線。其實，上述念頭過程不過只是一兩秒鐘的時間，畢竟我正騎著機車呢！可不能不注意路上的行車安全。

騎了約一公里左右，在要經過一個較大的路口時，我看見正前方距離我大約一百公尺處有場小車禍。是一輛機車和腳踏車擦撞的事故，看起來不是很嚴重的車禍，但是騎機車的女騎士坐在路上，應該是摔傷，旁邊站著一位年約十四、五歲的男學生，判斷上應該是腳踏車的騎士。

此時，我的警覺心告訴我，騎過去時要慢一點，因為道路不寬。這裡有個不合邏輯的點出現：我在十字路口的這端，理應可以選擇右轉騎往大馬路，到下個紅綠燈路口左轉，就可以回到我前往上班地點的方向路線，而且可以避開那場事故現場，更何況事故現場的馬路是較小的車道。但是，我就依舊青山不改水長流的繼續直行。

就在我快靠近事故現場時，突然發現，躺在地上的機車車型、顏色怎麼那麼眼熟，這時我的行進速度是很緩慢的，接著映入我眼簾的，那位正坐在地上、戴著安全帽，無法起身的女騎士的身影更加眼熟。就在心想著：「不會吧?!」的時候，就在她面前，我煞車了，因為她真的是我太太。

這時，我馬上對她說：妳哪裡受傷了嗎？（她正低著頭拿出手機，像是要打電話給某人，還沒發現是我在她面前。）

此刻，我太太才抬頭、不可置信地望著我說：你怎麼剛好在這裡？我正想要打電話給你說我出車禍了……

我說：我剛剛出門時就突然想走這一條路……

這時，我終於知道了那個「突發的靈感直覺」涵義是什麼了。

我太太當下未受自己表層思考邏輯影響，只有專注一個心念：打電話給我向我呼救。這心念傳送到我們兩個共同的集體潛意識（雲端數據庫），且收訊者是我；當我內心裡是一直珍惜著我太太，就等於我的接收IP（潛意識）是打開的，並同時在發送訊息，這「兩者意識」就能透過「量子糾纏」，發揮超越時空的聯繫效應，透過我個人的「直覺」方式「通知」我。接下來，就要看我到底是要服膺自己內在的「靈感直覺」，還是你那慣性表層思考邏輯的想法了，這兩者延續下去的現實必定迥然不同。

⊙日常中的量子糾纏＋蝴蝶效應

還有一次，我和我太太因為個別相繼受邀到廣西南寧工作，我太太是受邀進行【一對一專業量子轉念引導】與【量子轉念共振課程】，我是【量子轉念引導技術系列課程】初、中兩階段的授課。我們倆的日期恰巧是：她是九月十四日返台，而我是九月十四日那天出境。因為兩岸包機直航的緣故，我們是同一航空公司當天來回的航班，兩地是相同來回起降的機場。我是早上八點三十分起飛的班機，她是早上十一點五十分起飛的班機，也就是說，我從台灣出發飛到南寧，她從南寧搭同一架飛機飛回到台灣。當天，我們倆因為出入境的不同，所以並沒能在南寧吳圩國際機場碰到面。

晚上我在住宿飯店用社交App打視訊電話給家裡的太太，在話家常的時候，突然聊到今天搭機關於安全門座位的事情時，突然有個強烈感應般的靈感直覺在腦海湧現：該不會我們倆分別坐同一個位子吧？結果我們把今日的登記證拍照相互傳給對方，兩張登機證上的號碼都是「14D」的飛機座位。

這類的事件，我相信很多人都有經歷過，差別在「感覺的強弱」上。例如，你有沒有過突然想到某個人，而且就是說不出來為什麼非打電話給他的理由，但你的身體卻自動化的準備拿起電話要撥號給他時，他正好就早你零點一秒的撥電話給你。或者是你撥出去號碼了，對方接到電話時很驚訝的告訴你：你怎麼知道我要找你？我正要撥電話給你，你就打電話進來了。也有時是兩個人的情況對調。

也有在日常生活中，你正在苦惱某個資訊要到哪裡找？或者是正在深思抉擇某件事時，就在你無法事先安排或預期的情況下，在你生活周遭日常裡的事物，就恰巧把這個資訊或答案讓你發現，例如：突然的一則電視廣告或節目，不經意在閱讀書籍、雜誌或報紙時，恰巧在某個咖啡廳，突然聽到旁桌不認識的人某段聊天的內容，突然跟朋友家人閒聊時對方的某句話……似乎好像這宇宙「有人」想盡辦法透過這些環境與生活的接觸裡，作為給你留下線索的工具一樣。這些種種的「巧合」，都是量子糾纏＋蝴蝶效應的證據。

三、量子轉念，認識我是誰

重新定義自己的三觀

現代醫學、科學與心理學的思惟模式已經持續近三百年，這些理論的基礎都是建立在笛卡兒、牛頓、達爾文的理論上。

⊙笛卡兒、牛頓、達爾文的理論

笛卡爾（René Descartes）在哲學方面，最廣為人知的著名命題是「我思故我在」。笛卡爾是一個二元論者以及理性主義者。他認為，人類可以使用數學的方法，來進行哲學思考；他相信，理性比感覺更可靠。

例如，他認為數字、物理定律這類超出感官的實在，是通過理性思考得知的，是無法通過感官認識的。他在「第一個沉思」中提出，人無法完全區分睡夢的經驗與清醒的經驗，從而懷疑了感官。反駁了亞里士多德主義的經院哲學家「一切思想來源於感覺」的觀念，將此作為形上學中最基本的出發點。

從這裡，他得出結論：「我」必定是一個獨立於肉體的、在思惟的東西。他認為，只有人才有靈魂，人是一種二元的存在物，既會思考，也會占空間。而動物只屬於物質世界。「我思故我在」所產生的爭議，在於所謂的上帝存在及動物二元論（黑猩猩、狗、章魚、鸚鵡、海豚、大象、老鼠等等，其實都被證實有智力）。

牛頓（Newton）「萬有引力」的建立過程，代表著承襲畢達格拉斯的傳統數學觀及笛卡爾的機械論。自成一格的科學哲學觀，影響了自十七世紀以後的科學觀，直到現今，科學研究的風格依然影響甚深。

達爾文（Darwin）其最著名的研究成果是「物競天擇」、「適者生存」的天擇演化，解釋了適應的來源，並指出，他認為所有物種都是從少數共同祖先演化而來的。到了十九世紀三〇年代，達爾文的理論成為對演化機制的主要詮釋，並成為現代演化思想的基礎。一八五九年出版的《物種起源》，使起源於共同祖先的演化，在科學上可對「生物多樣性」進行一致且合理的解釋，是現今生物學的基石。

科學家們估計，大約在距今五百萬年到七百萬年之間，人類從他們與黑猩猩的共同祖先分支出來，這些包括棲息在亞洲的直立人、棲息在歐洲的尼安德塔人。

⊙DNA 分析，破解物競天擇演化論

現代 DNA 科學的進展真是令人讚歎！一九九七年時，尼安德塔人粒線體 DNA 的序列，竟然真的重現江湖，一經比對後發現，尼安德塔人跟我們粒線體的 DNA 至少九十六％是完全不同的。即使和 DNA 相似的早期人類雙方有過混血，也對粒線體沒有影響，其中的 DNA 只是基因組的一小部分，不等於人類遺傳的全貌。

先進的 DNA 研究分析已證實，我們與其他靈長類產生區隔的 DNA，是神祕又精準的基因融合結果。這不就表示了，現代人類「並非經過長時間演化後的結果」，在前面提到的《人類的心智能》一書裡，有提到更多調查後的證據。

而且「物競天擇演化論」目前還有很多漏洞無法自圓其說，例如「過渡物種」的證據。在現今的科學與考古學家，幾乎已經挖掘出為數豐富的各物種化石，依照「物競天擇」的理論來說，應該會有從環境裡不適合的 A 物種，要有部分經過「為了適應新環境的過渡期生命物種（假設代稱為 AB 物種）」，不可能有一步登天就能繁衍出適合生存環境的 B 物種。

但是有太多的物種，尤其是人類，是完全找不到「過渡期生命物種」的化石證據，來支持曾在地球上「有進化過」的這個理論。好比是「現代人」這型態的人類物種，就像是已經早在某地設計好了，不需經過演化程序，直接使我們成為人類，在地球上誕生了。

尤其是「人類是由猿人黑猩猩演化」的說法，令人感到十分薄弱與漏洞百出。因為這代表著，黑猩猩應該是不適合生存在目前的地球生態環境或食物鏈裡，那麼，黑猩猩為何到現在，能被人類捕捉，在動物園活著讓人觀賞？牠們現在還在棲息的地方，怎麼都還沒絕種，然後演化成人類？而且，照這個理論來說，應該地球上已經有著充足的時間長度，演化出毫無天敵的「終極物種」！問題是，這世上有這樣的物種嗎？那麼若有這樣的事實，「食物鏈」的連鎖關係應該崩解，因為每類物種都因為有著「天敵」而被消滅，是不適合存在於地球上的。

⊙傳統的心理學理論

心理學建立於一八七四年，由德國生理學家威廉・馮特（Wilhelm Maximilian Wundt）[1]，他發表兩冊心理學教科書——《生理心理學的原理》（*Principles of Physiological Psychology*），在書的序言裡宣稱「要建立一個新的科學領域」，馮特也因此被稱為「心理學之父」。他本身是德國著名的心理學家、生理學家與哲學家，他認為心理跟生理是相通的。

佛洛依德（Sigmund Freud）[2]著有《夢的解析》、《性學三論》、《圖騰與禁忌》等，提出了「潛意識」、「自我」、「本我」、「超我」、「伊底帕斯情結」、「欲力」、「心理防衛

1 威廉・馮特（Wilhelm Maximilian Wundt），是實驗心理學與認知心理學的創建人。
2 佛洛依德（Sigmund Freud），奧地利心理學家、哲學家及精神分析創始人。

錯誤三觀形成圖

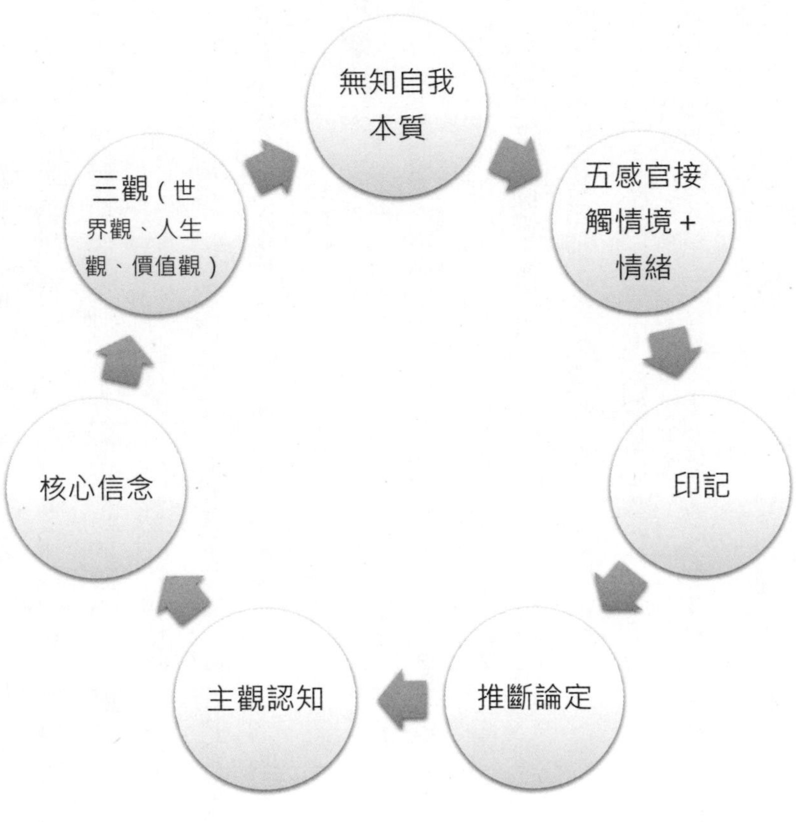

機制」等概念，被世人譽為「精神分析之父」。

基於佛洛伊德自己的早期研究，他推論出：人幼年若遭受過性虐待，將是在成長後患得強迫性神經官能症和歇斯底里症的主要因素。隨肉體成長的不同發展階段，人會固著於特定欲望的客體，初期為口慾期（如嬰兒因哺乳產生的快感），接著會有肛慾期（如小兒控制腸道產生之快感），隨即而來的是性器期（phallic stage），之後是潛伏期（latency stage），當最後性器官成熟後，就會進到生殖期（genital stage）。孩童若於依賴母親的時期經歷固著性慾，即所謂的戀母情結，但因這種欲望本身有著倫理禁忌的本質，內心必須予以壓抑。

佛洛伊德的心理理論爭議性一直很大，如阿爾弗雷德·阿德勒與奧托·蘭克等，都認為佛洛伊德的一些學說（如本能性驅力）是有問題的。但直到現今，仍然很多學派依舊沿用著他的學說。

⊙唯物與片段的生命起源觀

我們從前面的簡述裡發現，無論在醫學上、科學上甚至在心理學上，對於「整體」、「全息（全像）」這個事實都缺乏基礎，都是以斷片式的方式在理解事物，像瞎子摸象一般，只處理「果相」與「二維線性的因果關係」，而從不探討「網狀的關聯、連結」與「因果鏈」，造成頭痛醫頭、腳痛醫腳的現象。

我們也是基於這個價值觀做基礎，來思考與看待自己的人生，並且作為主流的生命觀與社會價值觀：

感情是感情、工作是工作、事業是事業、賺錢獲利是賺錢獲利，從不認為也許跟童年的親情遭遇形成印記的心靈反應有關，或內心的罪咎有關。

凡事只追求「快速」、「效率」，賺錢只想賺快錢，經營事業與產業只想用砸錢、仿冒來快速達到目的；愛情只想透過整形外貌、性感的身材、高收入金額、名車與縱慾來達到修成正果；不想自己投入時間用心學習，然後經由自己的思考，嘗試實驗修正的研發過程，只想直接抄襲別人的心血結晶，收割成自己的成果。

建立人脈與社交的出發點，只是為了方便自己特定的利益或競爭需求，而不是真心想認識對方及連結。

對於健康的態度，只想靠藥物來解決病痛的問題，從不思考病痛跟自己錯誤三觀、產生生活作息飲食習慣的關聯，反正只要有醫學和藥物來幫自己處理問題就好了，都只是在處理特定區域、器官，漠視「生命是龐大的整體性」。

這樣非常唯物與斷片式的生命起源觀形塑出來的普世價值，讓我們對待人生與自己的做法，就是花很多心思與時間，在追逐幻象中，帶給自己心靈的歡愉與安全感；然後再耗盡時間、燃燒壽命地，去讓自己身陷憂慮、空虛、孤獨、不安、恐懼、嫉妒、怨恨、害怕、自責、罪咎、懊悔、迷惘、絕望等等，折磨心靈的深淵裡無法自拔。

⊙「世事無常」破解「物競天擇演化論」

人生其實就是一連串「對事物的觀點」以及「自己如何看待這一個生命及世界」的一種總和。「世事無常」是每個人的人生裡，對於「自我價值」與「生命意義」是否真正了解醒悟的隨機稽查官。

它不會給予我們事先預告，並隨時來到你身邊抽查，只要一來了，我們就知道，自己截至抽查日止，所努力得到的一切名利、權勢、飛黃騰達、財富、頭銜、職務、地位、外貌身材、優渥的物質生活、引以為傲的資格證書，能否是堅固的保障？能鞏固你的安全感？還是帶給你的是更多的不安、擔心、恐懼？例如：被人占有強奪，失去證明自我價值的身外之物；失去別人原有對自己的善待，被旁人棄如敝屣……

這次的新冠肺炎疫情，不也是一組隨機的生命稽查官小組？以迅雷不及掩耳的無常之姿來到我們的面前，它正撼動著我們一直以來堅信的「我是誰？」「我的起源來自於哪裡？」的基礎所建構出來的生存與生活法則系統。

直到目前，我們對於人類（自己）的「我是誰？」「我的起源來自於哪裡？」的基礎，是以達爾文的「物競天擇演化論」為真理，簡單說就是「適者生存，不適者淘汰（消滅）」。若是以這個為真理事實，那麼新冠肺炎疫情是否在證明，人類這物種是屬於應該被淘汰的物種？就像是著名的美國電影《猩球崛起》（Rise of the Planet of the Apes）系列，世界將由已經進化的猩猩族群統治，而人類退化成無語言能力的原始狀態般的類似情境？

那麼：

1. 人類除了智力外，肉體的型態組織與力量，沒有比自然界許多動物來的強大，一遇到強大的細菌病毒，依舊任憑宰割。

2. 「物競天擇的演化」的定義依據，是以肉體的強弱能否適應自然為主，還是以智力的高低為主？

3. 無論是以「肉體的強弱」或是「智力的高低」，你都會在地球上任何一處（南北極、氣層、天空、地表、海洋、海底、地層、地底）看見「同時存在」的事實。

4. 無論是以「肉體的強弱」或是「智力的高低」為「物競天擇的演化」的基礎，你都看不見和無法確定何者是唯一頂端的物種或唯一低層的物種，相生相剋反倒是唯一能夠確定的。

從上述提出的這四個方向來看，「物競天擇演化論」就是充滿矛盾、漏洞百出的理論。不幸的是，你會發現全體人類的三觀基礎，卻都以「物競天擇演化論」作為人生聖經，創造出一個普世價值——勝者為王、敗者為寇的競爭觀。

因此，非常恐懼失敗，並且只想透過「競爭」來作為自己才是「適者生存」（勝利成功者），被競爭下去的人自然就被貼上「不適者淘汰」（一無可取失敗者）的標籤。這樣的價值觀，基本上不屬於互助分工合作與共生共榮為處世作為，而會是以對立、侵略、占有、征服、奴役、威權、攻擊、算計等等為行事作風。

「競賽」與「競爭」的認知內涵，有著極大的差異。「競賽」雖然有「比較」的過程，起始心態上卻是藉由「比較」，來認識自己從未知到已知的潛能。「競爭」也是有「比較」的過程，但是在起始心態上，是想藉由「比較」，來證明自己比別人具有價值、優秀和尊貴的存在。

⊙與自然界的實相共生

你在這地球上到處可以看見互利共生（Mutualism）的證據。地衣是藻類和真菌的共生體，清潔蝦與海洋生物，人類與腸道益生菌，海葵與小丑魚，螞蟻與蚜蟲，鱷魚與燕千鳥等等，和諧、互助、支持、共享、平衡，這是自然界的實相，也是宇宙生命運行的實相。

我們不得不承認一件事實：每一個人從出生的那刻到死亡的那刻，開始的點與結束的點，這兩點都是要靠別人來協助自己完成的。所以你會看見，在出生的那刻，我們雙臂是張開的，胸膛是敞開的、沒有防衛，這是「謙卑接納」的開始。當自己在臨終與斷氣那刻，也是雙手一攤、敞開胸膛，沒有防衛自己，這是放手，也是「謙卑接受事實」下的結束。在你這入胎與斷氣兩個點的過程中（人生經歷）你是以：

1. 有條件的愛自己？還是無條件的愛自己？

2.有條件的愛別人？還是無條件的愛別人？

3.是奉獻、給予溫暖多？還是爭奪、給予傷害多？

「無力反抗」跟「本該如此」，在壽終那刻，你真正能留得住的，只有心中的「智慧」或「痛苦」這兩大收穫之一，頭銜、名聲、財富、權勢等等其他的，你什麼也留不住、帶不走。

你心中理想的生活內容是什麼？仔細去觀察，是由什麼樣的三觀核心來建立基礎的？深入覺察，若採取宇宙生命實相法則為指導方針下的理想生活，會是什麼樣的生命品質？

成長與受教育，是污染自己的心靈還是進化自己的心靈？

意識的位置在哪裡？

主流的大腦科學認為，心靈、意識、情緒，就是大腦這器官裡，透過大腦細胞與神經元的互動運作下的產物。以這邏輯去證明心靈、意識的定義，結果就成了唯物化，把心靈、意識也視為物質般的結構。

這也使得：只要出現關於心靈上或情緒上的問題，例如睡眠障礙、憂鬱症、躁鬱症、思覺失調症、解離性身分（多重人格）……等問題，多採取藥物方式來處理。不過若是以物質性的角度來推論，理應會像感冒、皮膚被尖銳物劃傷等，透過化學藥物殺菌，輔助免疫系統及細胞的重建能力般，被「修復」與「復原」才對，為何只能達到「壓制大腦與神經元等器官的活動效能」，卻不是根本的「治癒、康復」呢？而且只要藥物的影響力經由身體新陳代謝後逐漸減弱時，這些心靈障礙、想不開、幻聽幻覺、思覺失調、解離性身分的狀態，又立刻回復原狀了。所以心靈與意識真的僅是唯物化、器官性質下的產物嗎？

⊙觀察者的意識會改變結果

量子物理的雙縫實驗（double-slit experiment）已經證實「觀察者效應」（Observer effect）的存在，當光子在無任何干涉的正常情況下，會以無形能量的波包（wave packet）振動和活動著，在行進到將要通過雙狹縫不透明板之前，科學家藉由觀測器去觀察光子時，光子卻改變成以粒子（particle，物質性）的方式，通過雙縫不透明板，到達探測屏上顯現結果。

物理學家約翰·惠勒將原先的雙縫實驗做改良，簡單來說，就是將原先光子在通過雙縫不透明板之前的觀測器，移動到讓光子「已通過」雙縫不透明板之後、未到達探測屏前的空間位置來觀察，也會產生同樣的「觀察者效應」嗎？

理應來說，若是以線性時間、只能單向前進移動、無法逆轉的特性來說，光子若是在未經觀察（意識干涉）的情況下，已經通過了雙縫不透明板，那就代表著，波動的波包狀態是「木已成舟」的不可逆結果。

可是當惠勒博士進行觀測實驗時，卻發現一個驚人且不可思議的事實：在光子原先應該是已經通過雙縫不透明板後不可逆的波包態，被觀察者的觀察意圖（意識）所干涉了，立刻改變為粒子態到達探測屏。那麼也就是說，在之前已經通過雙縫的歷史事實，在意識干涉下，可以逆轉改變，這就是著名的「惠勒延遲選擇實驗」（Wheeler’s delayed choice experiment），惠勒博士一九七九年在普林斯頓大學紀念愛因斯坦誕辰一百周年討論會上正式提出。這樣的證據就好像電影《天能》（TENET）裡描述的情節，可以逆向時間移動。

其實，量子物理的「量子糾纏」（愛因斯坦稱為「鬼魅般的超距作用」）就已經揭示了一個事實：線性時間與有制約的空間和長度距離，兩粒子在糾纏下，是完全不受時空阻擾的同時性相互作用。觀察者效應同樣地不受「時空」的阻擾，意識能與被觀察的光子建立起纏結，因此無論光子「是尚未」或「是已經」通過雙縫不透明板，只要觀察者的意識（心念）「開始」去觀察時，就和光子開啟了如雙人舞蹈般的糾纏模式，光子立即改變成為粒子態。

這結論證實了一個宇宙運行的實相法則：宇宙間所有的狀態，只要加入了「意識」這個元素條件，就能超越原先的時空維度產生變化，並造成影響，而且回應的具象狀態是觀察者意識的意圖內容。

⊙科學家與哲學家如何看待「意識」？

很多人說意識、自我和心靈是哲學的研究主題。哲學對於「經驗」較沒感覺，比較專注在形上學和知識的領域；而大腦屬於科學，是經驗領域。那麼心靈是屬於哪一種歸類呢？還是只能被獨立為一種神祕性、甚至被一些唯物論者貼上「偽科學」的標籤。

目前的「經典物理學」能夠透過五感官的接觸形成「經驗」，描述出「物理運行現象」。不過超過五感官能接觸或識別範圍的話，就只能透過「數學模型（方程式）」來試圖解釋「物理運行現象」，這類的研究就稱為「理論物理學」。

這裡有個非常有趣的狀況產生了：「理論物理學」與「哲學」間，有個絕對的交集共同點——超乎五感官接觸形成的經驗，及觀察下的邏輯推論。唯一的區別在於：能否以「數學模型（方程式）來描述它的運動軌跡」。不過，另一個難以解決的問題發生了，宇宙裡有些現象，無法被目前的科學與數學驗證，例如：暗物質（Dark matter）是什麼？它怎麼形成的？

暗物質是關於宇宙學和粒子物理很重要的關鍵課題，因為目前科學家透過普朗克衛星探測到的數據得知，宇宙的構成裡，常規物質占四點九％，暗物質占二十六點八％，有六十八點三％是暗能量（Dark energy）[1]。這些還無法完整解謎的事實，跟意識、心靈、共時性、靈魂、高維意識……等，同樣是無法完整解謎的事實，為何就不會被稱為「偽科學」？這是否是自相矛盾的雙重標準？

《留心你的大腦》[2]書中提到，神經科學及大腦已不再是：非常窄化地，以唯物機械性的器官角度來看待；也不單單將意識視為：在大腦存在的基礎下，經由神經元協助傳導作用的副產

1 Dark energy，充滿空間及增加宇宙膨脹速度，卻又難以覺察的能量形式。

2 《留心你的大腦》（*Minding the Brain A Guide Philosophy and Neuroscience*）上下兩冊書，格奧爾格．諾赫夫（Georg Northoff）著，他具有哲學、神經科學、心理學博士學位。

品。他從心理學、神經科學、哲學三方面領域，解析心靈、意識與大腦間的關聯性，書裡有許多關於反思、探索與求證的論述。

例如下冊書中曾有提到：意識的「位置」在哪裡？

神經科學家會說：意識在大腦裡，而且可以透過色彩鮮明的大腦掃描圖，看到不同顏色代表的大腦神經元的活動，那就是「意識」啊！

但哲學家會提出反論：即使大腦掃描圖上看見大腦神經元活動的表現，依舊沒有找到任何「意識」或者是被掃描者的任何「經驗」的內容，顏色只是代表神經元本身的活動反應而已，無法找到任何關於心靈、意識的內容。大腦掃描造影圖只是一張表現大腦神經元活動的彩色照片，並無法將心靈、意識活動的內容拍出來，因此心靈與意識不可能「位於」大腦及神經元活動，也無法在大腦跟神經元活動中觀察到它們。

⊙轉往超心理學求解

國際上許多在物理學、醫學、基因學、生物學、量子物理學、心理學、哲學的菁英學者，紛紛轉往超心理學[1]（parapsychology）領域裡，探索意識、心靈、靈魂與宇宙、生命、人生等實相及存在意義的關聯脈絡性。

例如：英國劍橋大學物理教授布萊恩・約瑟夫森（Brian Josephson），在一九七三年得諾貝爾物理學獎後，卻開始轉往研究超心理學領域。

狄帕克・喬布拉醫師（Deepak Chopra, M.D.）名列《世界郵報》與《哈芬登郵報》全球網路調查，世界最具影響力思考家第十七名、醫學領域最具影響力思考家第一名。

羅伯・蘭薩博士（Robert Lanza, MD），二〇一四年《時代》雜誌百大影響力人物，探索科學疆界超過四十年，被視為全球頂尖科學家，在先進細胞科技公司（Advanced Cell Technology）擔任首席科學主任，也是維克弗斯特大學醫學院（Wake Forest University School of Medicine）的兼任教授。

喬・迪斯本札醫師（Joe Dispenza, DC），在神經內科、神經科學、腦功能和腦化學、細胞生物學、記憶形成，以及衰老與長壽等領域，有深入的研究，將思想、意識、腦、心智和身體連結起來。是獲獎影片《當心靈遇上科學》（What the BLEEP Do We Know!?）與導演剪輯版加長

---

1 parapsychology 又稱為心靈學、靈魂學，以科學方法對瀕死體驗、靈魂出體、輪迴、前世回溯、傳心術、遙視、預知、念力等現象進行研究。其研究基礎以：人類潛能具有超越五感官、能與宇宙萬物直接感知。美國超心理學會於一九六九年獲美國科學促進會 AAAS 的承認，所有對上述超感官的實驗研究，和其他以實證的科學研究，具有同等價值的科學性。

量子版DVD《兔子洞裡到底是什麼》（What the BLEEP Down the Rabbit Hole）裡出現的科學家之一，當然還有許許多多無法一一列舉出姓名的學者專家們。

若這些比我們更聰明的頂尖精英學者，都認為意識、心靈是宇宙裡真實的存在，那麼「偽科學」的標籤是否只是一些為了自保、掩飾自己無知的人，在酸葡萄與恐懼自己才是錯誤的心理作祟下，所創造出來的名詞呢？

還有些駁斥「無法被複製量化的」便是不存在及偽科學的論述證據，例如：天分、創意、卓越、藝術、領悟力等等，無法遺傳與複製，就連駕駛機車、汽車、飛行器、遊艇，劍擊、體操、游泳、賽跑、舉重、跳遠、標槍、棋藝等運動，都無法百分之百遺傳並且量化複製，它們頂多只能被複製入門的功能操作流程，無法被複製成完全一樣的頂尖技能。

這些被一句「無法被複製量化」模糊焦點的貨真價值現象，就被埋葬在「科學」圍牆之外的「偽科學區域」，認為只有在科學圍牆之內的才是真實存在的事實。到底我們要關注的是實相，還是只願在我們自認為的刻板模式中？所以我們大多數人才會摒棄「每人可以覺醒與具有神性」的可能性，因為這些結果都是無法複製量化的，讓我們一直活在以管窺天的生命起源觀裡無法自由，甚至心靈、身體與生命都深陷痛苦之中。

⊙大腦不是產生意識的器官

我曾在桂格．布萊登的著作裡讀到一個真實的故事。有位女芭蕾舞蹈家，在一九八八年接受心臟移植，她除了知道移植心臟給自己的是位死於摩托車意外的年輕男子外，其餘資料醫院是保密的。在手術之後不久，她開始想吃一些術前原先根本不吃與沒興趣的食物，例如炸雞、青椒、可樂之類的食物，而且欲罷不能。尤其當經過肯德基炸雞速食店時，會像失心瘋般，無法自制的進去滿足口腹之慾，這連自己的家人與主治醫師都百思不得其解。

後來這位女芭蕾舞蹈家自己扮演起福爾摩斯偵探，從當地報紙上的訃聞查到這位年輕人的住址，並去拜訪其家人。在拜訪中得知，這位捐贈者在生前十分喜好把炸雞、薯條、青椒、可樂這類食物作為日常的飲食選擇。這位女芭雷舞蹈家後來還把這件事寫在自己的傳記裡。

現在的醫學界把這樣的現象稱為「記憶轉移」，認為在心臟移植中產生的附加作用，這類的醫學記錄絕非個例。

其實心臟是有著感情等記憶，全身的細胞、肌肉、神經系統都是可以輸入至潛意識紀錄的器具，甚至大量接受單一捐血者的輸血，也會有類似的情況，只不過血液會因新陳代謝，而無法像器官移植能持續這種影響。

前面我有提到一位俄羅斯量子物理學家康斯坦丁．科羅特科夫教授，在「克里安照相術」

（Kirlian Photography）下，一位男子對自己心愛的女子示愛時，這位男子的胸口心臟部位處，有股橢圓形的能量朝女子的胸口心臟部位移動。依照過往，我們以「意識是大腦產生的」邏輯去理解的話，這股能量的起點位置，應該是從男子的頭部往女子的頭部移動才對，畢竟女子也應該是透過大腦才能得知這份愛，若男子示愛是以說話的方式「告訴」女子，能量移動的位置，也應該是從男子的頸部喉嚨處往女子的頭部耳朵處方向，為何是「心」對「心」？

這些科學證據都解釋出，大腦僅是日常生活負責排列組合的記憶反應器官，不是產生意識、心靈與儲存記憶的器官。

⊙人類的大腦是宇宙的縮小模型

科學家曾將宇宙和人類的大腦做了一個比較：構成人腦基本結構的是神經元，而一個成年人的大腦，大概有八百五十億至八百六十億個神經元，這些神經元聯繫在一起，構成了複雜的電訊號處理網絡，其複雜程度比地球上任何一台電腦都要來得高。這是我們對大腦的基本了解。

在目前已知的領域內，宇宙中約包含著一千億至二千億個星系，而每個星系中又包含著數以「億」計的星體，數量之多如同釋迦牟尼佛形容的用詞：如恆河沙數。簡直是無可計量，地球只不過是這億萬顆眾多星球中的一顆。

想像一下，若以地球為出發點離開，逐漸遠離地球時，回看地球周遭，向上下四面八方延伸，一時一刻還看不出大腦和宇宙有什麼相似的地方。

但隨著遠離的距離，會慢慢擴大視角範圍，到了可以看見地球被自身的銀河系淹沒時，你發現映入眼簾的是一個會旋轉的螺旋狀星系，這形狀還看不出跟大腦的結構有什麼關連，不過此刻你距離地球至少已經是十萬光年了，是人類很難以去想像的距離尺度。

隨著你繼續遠離銀河系時，你的視角涵蓋面也會跟著放大，應該是說，隨著距離越遠，原先體積或面積大的物體，在你眼中會逐漸縮小，你將看見像銀河系這樣形狀的星系，會開始一一的映入你的眼中。

當你到達一個宇宙學家稱為拉尼亞凱亞（Laniakea）超新星系團[1]時，你就會發現，這些銀河系的旋轉螺旋形狀，如白色細絲一樣的絮狀物，彼此相互連在一起。

此時，科學家們驚訝了！找了一張大腦神經元的分布圖、腦部生長模式圖，把這一景象圖進行對比時，發現大腦與宇宙景象圖兩者的模樣，竟是如此驚人地相似，差別只在神經元圖片是經過染色的而已。

一個人就有接近一千億個神經元，這就在告訴我們，人類的大腦就是宇宙的縮小模型一樣。物質裡微觀的原子結構圖，竟然跟宏觀的太陽系結構狀態幾乎一樣，差別只在尺寸而已，就好比是比例尺的用途一樣。

1 拉尼亞凱亞（Laniakea）超新星系團，包含約十萬個星系，範圍達到約五點二億光年，它的質量大約是銀河系的十萬倍。

當科學家們再進一步去觀察和實驗，結果還驚訝地發現到，宇宙內部結構及運行機制，與人腦內部結構和運行機制，兩者有很多相似之處。例如：宇宙的演化方式與人類腦部的成長方式。也就是說，不僅宇宙的結構和人腦的結構相似，還有演化成長也極為相似外，宇宙內的星系與星球之間，訊息相互交流的傳遞和聯繫方式，與人腦內組織和細胞間的訊息相互交流的模式，也是同質性的。

⊙《華嚴經》與現代科學宇宙論的雷同

佛經中的《華嚴經》裡，這兩段話非常耐人尋味。

1. 在形容因陀羅網的模樣：

網之一一結皆附寶珠，其數無量，一一寶珠皆映現自他一切寶珠之影，又一一影中亦皆映現自他一切寶珠之影，如是寶珠無限交錯反映，重重影現，互顯互隱，重重無盡。

這些寶珠可以相互影響及反應出另一方的影象，就像照鏡子般的可以同步共時交流。這形容像極了「量子糾纏」的模式。還有科學家發現到，宇宙內星系與星球、人大腦內意識與細胞，雙方訊息交流傳遞聯繫模式是同質性的論證，是不是很雷同？

2.

如來能於一微塵內普現一切法界影象不思議故，如來能於一毛孔中示現過去一切諸佛不思議故，如來隨放一一光明悉能徧照一切世界不思議故，如來能於一毛孔中出一切佛剎微塵數變化雲充滿一切諸佛國土不思議故，如來能於一毛孔中普現一切十方世界成住壞劫不思議故。

簡單解說：這形容覺醒者可以在如微塵般小的物體，看見關於一切因緣運行的法則。能在小如皮膚毛孔的範圍裡，超越時空，呈現出過去歷史上的覺醒者種種不可思議的表現，包括可以放光明照遍所有世界，包括能處處成為覺悟世界，以及呈現所有物質生滅變化的現象。

這跟：

a. 現代原子理論裡提到，物質世界的組成基礎是由原子組成，不同的原子可以組合成不同型態的物質。

b. 全息宇宙理論：目前的宇宙是被視為一個呈現在宇宙學視界（cosmological horizon）上的二維資訊結構，但是透過三維物件投射出來，形成了我們所觀察到的一切事物。簡單說，只要取得你身上的任何一根毛髮、唾液、指甲，就能透過 DNA 檢測技術，揭露出你全身的健康、髮色、種族、身高等等關於你的完整資料。

c. 量子物理的「M理論」（膜理論）說明宇宙有十一維度的現象，「量子糾纏」與「惠勒延遲選擇實驗」都證明了，意識的干涉可以超越時空，影響光子的狀態。

若把每個沉睡心靈的人都看成一個世界一個宇宙，那麼一位覺醒者的意識狀態，就如純淨心靈溫暖的陽光般，當一一喚醒一個個沉睡的心靈時，不就像是陽光照進暗室般，照遍了一個世界、一個宇宙？

⊙「意識」一直存在宇宙中，大腦只是意識的接收器

近來科學家也表明，經過對人類大腦的探究和研討，發現人類大腦本來就充滿了多維度時空的構造，也就是說，我們人類大腦並非只停留在三維空間當中運作，是能夠在十一維度上運作。人類的大腦有數以億計個神經元，而這些不一樣的神經元彼此連接，就構成了我們人類的意識訊息傳送的通路。科學家們藉由特殊方式，組建了人類大腦皮層，經過一些數學方程式的模型，對模仿大腦的影響反應來進行測驗，結果發現，人類大腦當中，的確存在著許多不一樣的高維構造。我在《量子轉念的效應2—量子心靈、多維時空、全息意識場》有許多透過我親自以量子轉念一對一引導的案例對話摘錄，可以讓讀者有貼近真實與具體性的，理解意識與多維時空的關聯性。

美國物理學家斯圖爾特．哈梅羅夫（Stuart Hameroff）博士[1]、曾經和史蒂芬．霍金博士一

---

1 斯圖爾特．哈梅羅夫（Stuart Hameroff）博士，美國物理學家，亞利桑那大學麻醉科和心理學部門名譽教授、意識研究中心主任。

起證明了「奇性定理」的羅傑・彭羅斯（Roger Penrose）爵士[1]，兩人自一九九六年起，就開始著手進行「靈魂不滅」的研究。

他們的理論指出：人類的靈魂被包在腦內微管結構的腦細胞中。人類的大腦實際上是一個「生物電腦」，而「人類意識」是一個由位於大腦的量子電腦運行的數據程式，它甚至在我們「死亡」後也依然存在。

這兩位科學家認為，人類的感知「意識」，其實是位於所謂的「微管」內的「量子引力」所產生的效應結果。這一過程由兩位科學家命名為「調諧客觀還原理論」（orchestrated objective reduction，簡稱 Orch-OR）來解釋。根據這個理論，人類的靈魂不僅僅是我們大腦中的神經元「相互作用」，而且可能在一開始就已經存在了。他們推論，「意識」或「原意識」（proto-consciousness）是宇宙的基本性質之一，大爆炸的一開始就存在，我們的大腦只是意識的接收器與放大器。

已經有許多科學家有著共識：大腦就是微型的宇宙，而宏觀宇宙則是巨型的大腦。

這些「明顯」的線索和證據，在告訴我們什麼訊息呢？是有某種大意識智慧的精心安排與創造，還是只是非常微乎其微、又要在精妙精準的機率下造成的巧合？

---

1 羅傑・彭羅斯爵士（Roger Penrose），牛津大學麻醉學、心理學、數學名譽教授，他和史蒂芬・霍金博士一起證明了「奇性定理」。

量子轉念引導技術，「意識創造真實」的證據

【量子轉念引導技術】對一個人為何有很關鍵的幫助？

目前有這麼多不同類別的身心靈療癒或修行法門，書籍與教導者的數量有如過江之鯽，以現今的網際網路（互聯網）科技來獲取知識訊息，像這樣傳遞交流活躍的世界，理應來說，在世上覺醒的人類比例，就算沒有倍數成長，也要逐漸增加才對。可是，有嗎？

⊙「知識」不等於「經驗」，「體驗」才成為「確信」

在我探索生命實相約莫十八年中，看過不少人跟我在探索的前八年一樣，即便你閱讀了無數關於佛經、《聖經》、《吠陀經》或其他神學的經典，靈性知識、禪修冥想、正念、新時代、神祕學、能量療癒、命理、高靈、催眠、正面思考、吸引力法則、心理學等等方面的書籍，包括讀書會及社群平台上，也有大量這類的影片免費分享，甚至還去上了無數關於這方面知識的課程等等，獲得豐富的人生道理和宇宙實相的知識。可是一但遭遇到跟自己有關的事情，例如：至親突

然離世；最信任的人利用你的信任背叛了你；突然遭逢意想不到的致命疾病，像新冠肺炎、癌症。因為時局瞬變，陷入人生困境危機，自己依舊陷入打擊、傷害、背叛、失落、驚恐、悲痛、憤恨、絕望、迷惘、滿心困惑，且感到無力扭轉自己內心深處的恐懼、痛苦，還有目前成為人生事實的命運感到難以接受。

這些經歷，為何我能這麼有真實具體的感受？因為，都是從向我求助、來尋求我為他進行一對一量子轉念引導的來訪個案，還有報名來學習【量子轉念引導技術】系列課程的學員，他們親口告訴我的。

有的在宗教團體裡沉浸很久了，有的在靈修課程團體裡參與一段時間了，有的被專業心理諮詢一段時間了，有的是心理輔導者，有大學、中學、小學老師，有學生、博士、醫生、表演工作者、藝術家、企業主或高級主管、宗教師、律師、基層工作者、高層領導者……幾乎各行各業都有。

為什麼會這樣？難道他們所學到的知識、方法都是不對的嗎？還是那些內容本身就沒有效果？但是，為何又有人證明了它們是有效並有用處的呢？

這到底是出了什麼問題呢？

絕大多數的人沒有覺察到一個很重要的關鍵：「知識」的本身並不等於已經成為自己的「經驗」，「經驗」會因為「親身體驗後」成為自己的「確信」，獲得到的「知識」在還沒形成自己的「經驗」時，你只是「知道了」這回事，還不是達到「確信」的心境。

⊙核心信念

你所有的每個「確信」，都會形成強烈、扎實的能量頻率，在宇宙各維度時空中活動著，我稱之它為「核心信念」。

這是非常強大的意識狀態，它是你一切「對於詮釋這世界是什麼規則、模樣及完整性」的認知來源。而你對某事的「確信程度」（堅強或薄弱），取決於「你經歷該事情當中，是以冷靜或驚慌混亂的意識狀態來理解五感官觸及到的事物、環境」而定。

怎麼說呢？

「核心信念」是：意識在透過具體行為的經歷，直到結果，所理解為最終經驗的能量。在人生經歷中，我們的五感官在所遭遇的環境與人事物時，意識的「冷靜」或「驚慌混亂」，兩者個別決定對遭遇的經歷內容是「完整面」還是「斷片點」。在【量子轉念引導技術】系列課程的理論以「印記（Imprinting）」稱之，並以此下結論，作為學習體驗後的經驗，會像「將執行程式的資料夾下載儲存到電腦的儲存裝置裡」一樣的模式，回饋到潛意識以「核心信念」將它儲存起來。

信念認知模式迴路圖

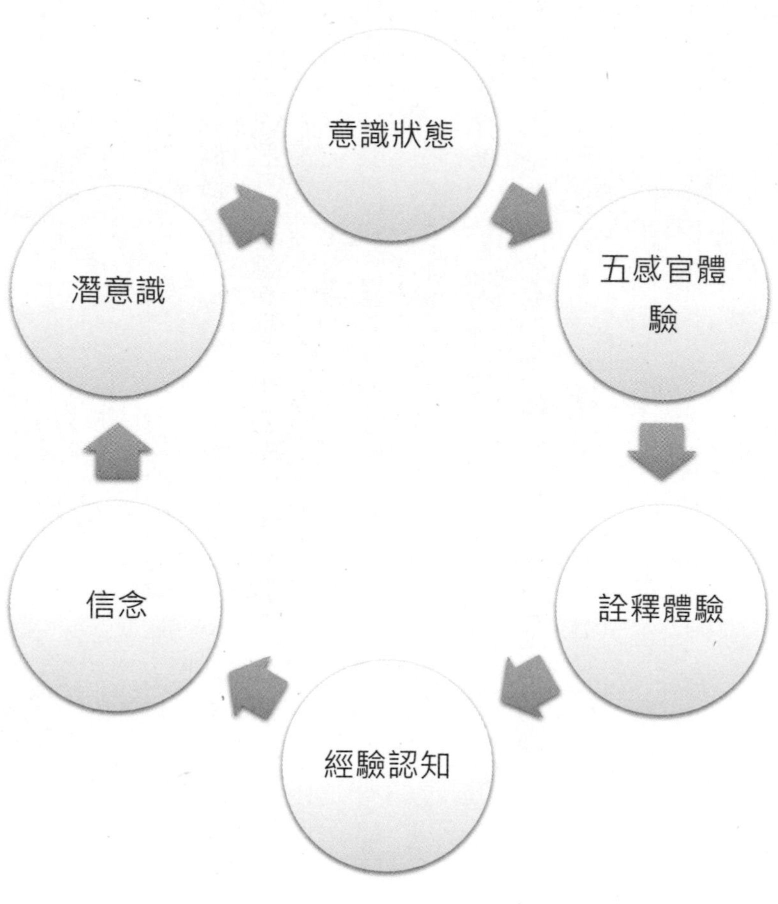

這個迴路模式，若週而復始之下，成為固定經驗了，就成了一套「信念認知模式」。簡單說，就是慣性看待發生某類型事物的經驗解讀觀點，並且堅信這經驗觀點是絕對性的。

但是，對於我們人生會將創傷、移情、罪疚等等破壞性或毀滅性人事物，吸引到自己人生裡，形成打擊、傷害、背叛、失落、驚恐、悲痛、憤恨、絕望、迷惘、滿心困惑的情況，全是自入胎開始到目前的人生經歷中，自己的五感官在所遭遇的環境與人事物中，意識是以「驚慌混亂」來反應，並且對遭遇的經歷內容以「斷片點」來決定這些經歷是「完整的」。在之後的生活裡接觸到的事件遭遇，只要發生過程有符合潛意識核心信念裡「全部」或「斷片」的「印記」內容，那套「信念認知模式」下的絕對經驗觀點，就會暗示自己，不需再重新覺察與思考，完全自動化，直接以情緒性言語、行為，回應在目前的人事物上。

從這個基礎來看，表面上看起來，似乎已是經由自己「思考過後」才採取行動，事實上，在這樣的過程下，是不能稱為「思考」的，自己只是透過「印記回播（重播）」來「重複當時的意識狀態（驚慌混亂）、五感官所接觸的內容、內心感受、行為與推論」。這在【量子轉念引導技術】的理論裡，將這樣的連鎖反應迴路稱為「激活（活化、啟動）印記」使其回播。自己所遭遇到的這些「倒楣」、「不幸」等等的鳥事，僅是在這心靈機制規則下運行的產物。

心靈機制規則是意識運作的法則，就像是川流不息的河水，無法被刀切斷而改變繼續流動的事實，你就算在這河水裡加了你想要的顏色染料，它停留在川流不息河水的時間也十分短暫，無法持久，不消片刻就會被河水帶走了。不過你可以正確善用這法則，改變當時經歷時的經驗，就同時改變了詮釋那件事的觀點認知，等於改變了「核心信念」。

你的潛意識裡到底相信什麼？

弦（String）與膜（Membrane）這兩名詞是源自「超弦理論」（Superstring Theory）與「M理論」（M-theory）裡，主要構成宇宙最小與最基本的元素，並以「量子場」（Quantum field）來描述出宇宙有十一維度。

「確信」，是透過「詮釋體驗中獲得到的經驗」為基本元素，成為一種「意識能量弦膜」存在於潛意識裡，並能夠不受時空規則限制與宇宙集體潛意識（量子場）量子糾纏，成為你自己人生宇宙中，以什麼型態的模樣、內容、遭遇創造真實物質世界的基本粒子。倘若你對體驗某事是以五感官的接觸面作為唯一的事實，就等於用瞎子摸象、以偏概全的模式來詮釋所獲得到的經驗，然後當成是全貌的事實去確信它，在這裡我們簡稱為「偏執」。

當你在學習或者接收一門陌生的新知識，它的邏輯內容與原先「確信」（偏執）的邏輯內容結構兩相抵觸或矛盾時，新知識是無法與自己潛意識相容的，這時候，新知識就無法轉變成新的信念儲存在你的潛意識。

為何我們自己或身旁熟識的人，有一大堆人會說：「我知道應該要……才可以改變，但是……」這樣自我矛盾的語言結構公式，這些真實生活裡的對話，證實了我的說法。

例如：

「我知道應該要突破才可以改變，但是我能力不夠……」

「我知道應該要努力才可以改變，但是我家裡反對……」

「我知道應該要主動才可以改變，但是我怕被拒絕……」

「我知道應該要有信心才可以改變，但是怕失敗了……」

「我知道應該要學習才可以改變，但是我錢不夠……」

「我知道應該要放下才可以改變，但是我就是做不到……」

「我知道應該要上課才可以改變，但是我沒有時間……」

「我知道應該要面對才可以改變，但是我害怕……」

所以對你本身而言，你的潛意識裡，完全相信的是哪一個？得到的新知識？還是原先在潛意識裡那個詮釋舊經驗的核心信念？

到了這裡，答案揭曉了。為何告訴自己那麼多暗示潛意識的正面信念語言，不斷強化自我提醒凡事要正面思考，用重複新行為來改變潛意識的舊信念，學了那麼多也知道了那麼多的身心靈或靈性療癒的知識，參加過那麼多改變自我的團體活動（包括那些銷售致富、效率學習、股市贏家、如何成為百萬網紅、療癒親子關係、吸引愛情的祕法……等，都是在同一個關鍵核心上），自己的改變依然無法穩定持久？人生的困境依舊在原地踏步？就像前面，我已經用川流不息的河水的比喻說明了原因。

所以，自己就算是學到了龐大的宇宙生命實相運行的規則、知識甚至是方法，對於你原先植入存放在潛意識裡的「偏執核心信念」來說，這些新知識與方法，就算你聽後認為正確無誤或有道理的，卻不是你詮釋的自我活過、經歷過的經驗和事實，對你來說就是虛擬不真實的幻影，這些新知識就像是另一個平行世界的劇情一樣。

就像童話故事裡的賣火柴小女孩，在冰天雪地的屋外，從窗戶的透明玻璃，看見屋子內充滿過節溫暖歡樂的景象，自己身在寒冷冰凍屋外的真實感，完全無法對屋內實際的溫暖和歡樂有真實的感受。屋內的這種種場景對這小女孩來說，是個遙不可及的不現實世界。

⊙「知道了」跟「經驗到了」是兩回事

這就是我遇過許許多多來上我所教授的【量子轉念引導技術】系列課程學員，及被我親自或被首席高級專業轉念引導師林雨曇老師進行過「專業一對一量子轉念引導」的個案，在課後私下或在被一對一轉念引導當中跟我們訴說的，都有以下共同點：

「為何看了那麼多書本、網路影片，這些改變人生與生命實相的知識都有了，觀念也懂了，我人生的困境狀態依舊維持到今日，絲毫如如不動，怎麼沒有具體改變？遇到人生狀況時，我還是無法真正理解這些大師們說的意思到底是什麼？甚至只覺得，聽到了一堆讓自己內心感到美好的道理，現實上卻不是這麼一回事。或者只有道理，根本就沒有具體的方法！」

「而這些疑惑，在今日，我終於心悅臣服、獲得滿意的解答了。」

這正是我要說的真相：「知道了」這麼一回事，跟「經驗到了」這麼一回事，那是兩回事，不是同一回事。

請別誤解我表達的重點，我並非以排斥或批判其他闡述這些心靈療癒、正面思考、能量療法、新時代高靈訊息觀點的朋友或專家們所說的觀點內容，來達到「標榜我個人的探索研究、見解論述、技術方法才是唯一有效」的目的。

這些關於身心靈教導的觀點、知識、方法、團體，如雨後春筍般在我們的生活中冒出來，對人類整體而言，是有非常大的幫助（畢竟過去幾千年來直到今天，這些知識與觀念都是隱晦與少數人能獲得的祕法；人們長久以來能獲得「人生存在的意義與價值」與「我的本來面目是誰」的知識與管道，選擇性本就少得可憐），至少可以引起更多人關注，畢竟以前大多數人連關注都沒有。但是，封閉太久的資訊突然百家齊放時，亂象本來就自然會有，但這不是固定的常態，只是短暫的現象。

我提出質疑的重點不是針對其知識與方法的好壞或有無效果的層面上，而是教導者與學習者以哪種心態去傳授、學習與使用這些知識與方法。就像武術這技能，對人是具有殺傷力的，但「強身健體與濟弱扶傾」的心念和「急功近利與唯我獨尊」的心念，兩者雖學同一門武術，甚至向同一位武師拜師學習，對自己本身與對人們的影響效應卻截然不同。

前者是帶給自己喜悅與價值外，還讓人們感到溫暖平安感；後者是不僅給自己帶來煩惱與不安外，還給到人們傷害和恐懼感。所以我強調的焦點是：以何種心念內容為出發點？而不是在外相上派別的種類比較與區別高低。

⊙轉變舊經驗，才能轉念

所以為何當年佛陀在覺醒之後，除了分享心與意識跟生命實相的邏輯關聯性外，還教導關於「如何看清生命實相的邏輯脈絡」及「轉變意識的方法和技巧」，並且是從五蘊下手，目的就是要重新透過「覺察所體驗到的舊經驗」下的信念，才有能力區別出幻象（舊經驗）與實相（新經驗）的差異，進而轉變經驗、轉變信念，成為覺醒的意識狀態。

要轉變舊經驗，才能轉念（轉舊信念）。「體驗」，這個元素是成功完成轉念很重要的拼圖，要轉變舊經驗就必須要轉變舊體驗。已經有專家提到，量子糾纏的「糾纏」是種共振狀態，跟訊息本身的強與弱無關。的確，所以「改變」，不是以征服式的強弱方式介入原有的信念就可以完成，而是改變自己內在的信念，讓心念頻率可以對準，和新信念的心念頻率同步共振，這是很關鍵的法則。

【量子轉念引導技術】的核心理論，便是透過回溯事件，去覺察五感官所體驗到舊經驗下的信念，有能力去區別出幻象（舊經驗）與實相（新經驗）的差異，並重新改變過去五感官經驗的詮釋，轉為新信念，從「幻象」成為「看見實相」的覺醒意識狀態。這就是個案心靈意識的轉念引導系統技術。

我分享一位個案一直以來困擾已久的生活問題，如何在經由一對一量子轉念引導的過程之後，覺察及區別出舊經驗（幻象）與新經驗（實相）間的差異，並達到轉念的覺醒意識狀態，來說明前段所敘述的內容，讓讀者能較有具體與貼近真實生活的概念。

⊙〔案例〕

這是位年約四十來歲的富二代，有很長的時間，一直常為莫名擔心「會失去掉……」的恐懼，常遇見在關係到重大的選擇時發生，卻沒有具體的現實證明自己會失去掉什麼。然後為了克服這內心的恐懼感，會慣性的用金錢來換取可以讓自己感到安全的條件。不過這樣做並不能完全讓自己感到安心，以及解決到問題的真正根源，這樣的苦惱不時地在生活裡像輪迴般的發生，在一次機緣下找到我，表達希望被我一對一量子轉念引導來幫助他。

因為篇幅關係，我只將重點關聯的事件劇情簡要描述。

當時他在回溯時，曾憶起自己在幼年時期，常有位自己不認識的婦人，會趁他在公園裡玩耍、照顧的人暫不在身邊時，以一種說不出的親切感、關愛的眼神看著他。他只覺得：這位陌生婦人為什麼這麼奇怪？但自己又好像覺得熟悉和有安全感。

我透過他對這印象深刻的眼神記憶，引導他回溯過往時，他回溯到子宮期，憶起了胎內記憶。

他先看到生母在懷他時，因為經濟問題答應了生父為其生子，生女生的話是XX金額，若是能為爸爸生個男孩的話，將給生母一筆為數不低的金錢來作為報酬。無論孩子性別是男或女，唯一的條件是：生母不能再與這孩子有任何往來，也不能承認自己是孩子的生母。生母在家裡急需要錢的情況下，同意了生父的條件。

現實生活中的媽媽，自從生下一位年齡大他十七歲的姊姊後，一直就沒有再懷上任何一胎，更別說是傳宗接代了。爸爸為了家業能後繼有人，傳宗接代這件事顯得是家族裡的重要任務，於是經由他人轉介，認識了生母，才與生母做了這樣的協議。

接著他畫面直接移動到，在醫院裡即將出生的那段時間區塊。這樣的時間移動，感覺很像是在影片播放的時間軸上，我們想要觀看內容是在X分X秒的章節開始，直接點擊那個指定時間點，就可以立即切入播放，不需按照現實物理時間的規則。這讓我發現，潛意識就像是YouTube上的時間戳記（Timestamps）功能一樣，甚至不需要拖拉影片，就可以快速找到要看的片段。

不料，生母在生產完後，卻心生後悔當初的協議，畢竟是自己懷胎十月的親骨肉，一想到可能一輩子都無法相認，心裡難免一陣酸楚。

爸爸接獲醫院通知，知道生母生下的是一位男嬰的消息之後，自然是喜出望外，因為家中有子嗣可以傳宗接代了。於是，他看到自己出生後第三天，父親帶著同父異母的姊姊到醫院生母的病房裡，一直以為的媽媽，因為內心對生母的鄙視，就在醫院外面的私人自用小客車上等候。

他看到爸爸要把他抱走的時候，生母向爸爸苦苦哀求，哭哭啼啼地拜託父親，別這樣就馬上拆散她們母子倆。可是爸爸很堅決地說：「這是當時我們協議好的，我付給妳錢、替我生孩子，孩子出生後歸我所有，妳沒有任何權利來探望這個孩子。」可是，生母在感情上還是無法割捨，一直向爸爸苦苦哀求。

情況變得有些混亂！爸爸連忙把他交給了姊姊抱著，叫姊姊先抱著他離開現場，接著連哄帶騙安撫生母的情緒後，父親自己再匆忙地離開醫院。他說，當看到自己被姊姊抱離開病房時，看見母親因為剛生產完，根本沒有體力下床阻止姊姊，在聲淚俱下的情緒中，眼睜睜地看著他被抱離開了。

當他在說出生母在他被抱走的最後那刻說：「請你不要抱走他，求求你把我的孩子還給我……」那句話的時候，這位體型壯碩的硬漢，再也忍不住，在現場嚎啕大哭了起來。

他接著還看到父親跟正還在就讀高中的大姊，抱著他到醫院外一起與車上的媽媽會合。在上車時的那刻，姊姊將他轉交給媽媽抱著，媽媽滿臉笑容的對他說：「從現在開始我就是你的親生媽媽了，我會好好疼愛你的。」連媽媽對他說的這句話時的影象畫面、聲音，他都看得清清楚楚，就好像他是現場拍戲的導演，從不同攝影機的視角與收音麥克風，透過導播機在多螢幕裡，將現場演員們的對白與對戲內容，在不同畫面同步播放一樣。

在結束所有的引導工作後，他向我說：「嘉堡老師，這怎麼可能呢？這些事情跟對話內容，從來都沒有人向我說過。而且我當時只是嬰兒耶！才出生三天，怎麼可能會有記憶呢？而且還有在子宮裡的記憶，腦都還沒發育完全，這……怎麼可能有人可以記得那麼清楚呢？天哪！這些內容實在太令我震驚了，這些不可思議的內容，是不是我自己幻想瞎編出來呢？會不會只是我自己不自覺編成一套故事，來滿足我自己內心的疑問呢？」

這些種種的疑問，通常都是每位在一對一量子轉念引導回溯完之後的個案，都會問我或雨曇老師的問句。通常我的回答都告訴他以下幾個重點：

1. 這些回溯的內容是在我以「你自己告訴我」的劇情內容的基礎下，經由我的發問，引導你將零碎或斷片的內容，由你自己還原的說出來。我不是當事人，也不是你事件內容裡的關係人，無法回答你這些內容到底是真還是假？

2. 我所有的提問基礎，都不是以我先入為主的主觀下所預設的情境，例如：走下樓梯就會看見一道門、打開門就可以看見你的胎內記憶等等的預設式誘導語言，或暗示你來配合我預設立場的引導。

而且這一切劇情內容，都是你自己很清楚自己在說著什麼內容、自己內心是以什麼樣的情緒內容在反應的，這些情緒反應是直覺性的？還是預先設想準備好的？這個過程中的回溯，是為了編造一個合乎邏輯的事件，提前思考過合理性後才說出來的？還是像回憶一樣，回想起這一切的？你何不回去向家人求證一下，不就知道，這些內容是不是自己的幻想與編造的了。

這位個案似乎刻不容緩當著我的面，拿起手機撥號給他將近六十歲的大姊，我心想，除了不知道他要和自己的姊姊談多久外，也許有些過於私密的事情，我這局外人應該不方便在場，雖然這位個案並沒有要求我離開引導室，我還是自覺地離開房間在大廳等他。

他電話談完之後，來大廳與我會合，他以非常驚訝地表情告訴我說：「嘉堡老師，天哪！你知道嗎？我回溯的這一切內容，都是真實發生的事實耶！」他的大姊證實了他所回溯的情節是真實發生的事實，他的大姊還狐疑的問他說，怎麼你會突然問起這件事呢？這事都過了這麼多年，況且你怎麼會知道呢？這些內容並沒有人告訴過你呀？當時父母都有特別交代，不可以跟他說，還問他，是否是父親臨終時把這個祕密告訴他的？他覺得這個親身體驗實在太不可思議了，完全顛覆了自己以往所認知的知識。

⊙探索自己的真相，證明你自己

日本研究胎內記憶第一人的婦產專科池川明醫生有舉過一個例子，他說：肚子裡的小寶寶並不像大人是透過視網膜看見影象，他們運用的是五感之外的第六感。周產期心理學的先驅湯馬士・維尼博士（Dr. Thomas Verny）認為，肚子裡的小寶寶不是用神經傳導，而是通過體液中的荷爾蒙接收情報。換言之，媽媽看到的景色是以荷爾蒙的形式傳給孩子，孩子把那個訊息當成影象。此外，細胞中有感知光子的感應系統，光子會穿透物體，所以小寶寶能夠感受到外界的情況。

當然，在閱讀到這裡的你不禁要問：那麼，他接受一對一量子轉念引導回溯的這些內容，對於他來求助的目的，有協助到他嗎？

當然是有的。

1. 長時間一直莫名擔心「會失去掉」的恐懼，每每在關係到重大的選擇時發生，卻沒有具體的現實證明自己會失去掉什麼。他發現，是看見母親心生後悔當初的協議，又因為沒有體力阻止，眼睜睜地看著他被抱離開了，當時生母的內心像是「被奪走了生命中非常具重要性的失落感」，深深烙印在他的內心；還有在沒有獲得自己同意或心理準備下，突然發現自己被迫永遠失去心裡最重要的人——生母。這樣的不安感，變成往後自己人生會歷史重演的恐懼感，當發生疑似會「失去對自己而言是重要重視的人事物」，就算沒有具體證據，自己的恐懼感就先被引爆了。

2. 為了克服這內心的恐懼感，會慣性的用金錢來換取可以讓自己感到安全的條件，這慣性來自當年爸爸用「付給金錢就能取得自己想得到的結果」的模式，讓他在內心深處烙印了一個邏輯：凡事都能用給予金錢來解決問題。

因為這兩點都是在相同的時間段發生的有關劇情，自己無形中將這兩個印象深刻的單獨劇情，串聯成一個一體的邏輯公式，變成是：常在莫名擔心「會失去掉……」的恐懼下，若同時需要做重大的選擇時，會慣性的選擇直接用金錢來換取安全的條件或解決的工具，但還是沒有因此感到安心。

原因是，他區別出：

1. 是自己複製了生母的失落感，並非來自於自己的感受。
2. 自己被迫與生母分離，並非自己沒有能力或沒有價值。自己當時的肉體在現實自然法則上，本就還無足夠的力量，所以這並不是自己的失誤或失敗。
3. 爸爸用金錢來解決自己想獲得的結果，那是爸爸的價值觀，不見得是來自己真實的經驗證明的價值觀，不必當成唯一的價值觀與方式。

另外，遇到重大選擇時，應該先要去了解檢視候選的每個事件裡，本身的內容與自己內心真正想要的是否相同，來作為決定的基礎，而不是盲目的只是花錢、給錢來作為唯一解決的方案。

當他能夠區別出來，就能從舊經驗的幻象中覺醒，並能夠轉念了。

人類所有的進化或者是文明的進化，都是朝向「探索、了解自己的真相是什麼」，差別是，你以五感官的唯物觀來證明你自己，還是以精神層次方式來證明你自己；也就是，你的存在的價值是受限的，還是無限的。

情緒無法被管理，意識轉念才是真身

「情緒管理」這個詞，近期在工商組織的領導統御，以及個人生活各層面的相處關係上，都很流行，並且不乏提出許許多多「如何透過轉移焦點」或「壓制性的方法」來控制情緒。

我非常支持這些方法與理論將「情緒對於個人人生價值影響力的重要性」強調出來，讓更多人對於自己人生中遇到的感情問題、家庭親子教育問題、人際關係交流的問題、團體組織裡的互動問題，甚至身體的健康問題，不是永遠只著眼在「眼睛看得見」的項目與方法才是具體有效的，「眼睛看不見」的心靈、想法等層面的方法，同樣具有影響人生天秤的重要性。

⊙「愛」無法計量，情緒也是

這裡有個迷思需要釐清。「管理」一詞的基本定義是：有效的計畫、組織、領導與控制以達到目標的過程。這定義是在可以「數」與「量」的基礎下來進行的，對於可測量大小的有形物質，當然可利用空間、面積、尺寸等等以度量衡來管理，不過「情緒」、「想法」、「感受」有計量度衡的標準嗎？

例如最新的血壓標準，超過130/80mmHg就是高血壓了，但是「愛」，能有一個測量標準的數據來決定「愛」某個人的證明嗎？「愛」只能看見「現象」，無法以數量計算來決定它是否存在。像「美」的定義是什麼？是以整齊與對稱作為標準嗎？那麼印象派、抽象派與不對稱的都是「醜」的嗎？「想法」、「感受」皆是如此。

生命總是要找到出口的，情緒也是。情緒不是物質，它是「能量態」的現象，它只能「被覺察」和「被轉換」，是無法被管理的。大約四千年前的鯀禹治水故事，當時中國的黃河氾濫，鯀及禹是父子，先後受命於舜帝負責治水。剛開始「鯀的想法就是管理」，在岸邊設河堤圍堵，但水卻越淹越高，花了九年時間，還是未能平息洪水災禍。接著舜帝命鯀的兒子禹繼任治水之事，「禹的做法就是覺察與轉換」，先視察河道，檢討及改革治水方法，決定以疏導河川治水為主導，用水向低處流的自然趨勢，疏通了九河，這就「轉換」。

情緒雖然不是像水一樣是物質，但具有跟水一樣的能量波動的特性。如果試圖管理情緒，在認知上就已經定義了情緒是「唯物」，以致處理的構想基礎都是採外力方式去壓制它，卻不是因為去了解真正的脈絡後，才採取適當方式去處理它。「自律」是在於了解真實的脈絡狀態下採取的控制行為，與「管理」的內涵基礎是截然不同的。

情緒，是信念內容去選擇，按下「心靈與肉體」遙控器上「喜、怒、哀、樂、悲、憂、苦、妒、慕」等功能鍵。管理情緒若是以唯物觀作為設計方法的藍圖，那反而是虛幻不實、捕風捉影的妄想，我們只會為此得到更多心靈與生活上的挫折，而不是平靜的心和生活。

⊙覺察情緒與身體的關聯性

我們每一個人基本上都有「喜、怒、哀、樂、悲、憂、苦、妒、慕」等這些情緒的反應，但有個事實必須要正視的，那就是：情緒是結果，不是原因，它是觀點的產物。「觀點」前面已經提到過，它是對某件事物存在價值的因果模式深信不疑的確信。

那麼，答案很明顯了，若不往檢視原先確信的「對某件事物存在價值的因果模式」是否有偏頗，接著從中找出真正的原因，卻只針對「情緒」本身這個「果相」當成物品倉儲管理般處理，這好比隔靴搔癢，怎麼會有效？

當人們對自我與外境間互動的覺知力越來越強時，就會有足夠的意識心念，發覺到自身正負情緒牽動身體的反應。

練習一

我們一起來覺察這個關聯性。首先，當我們有正面情緒時，例如：愛、快樂、興奮、肯定自我、豐盛、感動、慈悲等等，我們會發覺自己在心情上會有高度愉悅感；接著去仔細關照身體及感受它，你會感覺到全身的血液循環，包括自己的呼吸律動，都是十分的順暢、平穩以及舒服的，身體四肢的肌肉是輕鬆的，精神上是有活力的。

你可以試著先以近期發生、令你有上述情緒或感受的事，然後專心回顧它，像是重返時間迴圈一樣，重現自己的遭遇和情緒。

練習二

反之，試著回想一件近期令你會感到負面情緒的事件，例如是悲傷、憤怒、嫉妒、失落、不滿等，接著像覺察正面情緒的做法一樣，專心回顧它，像是重返時間迴圈一樣，重現自己的遭遇和情緒。

這時，你會真實感覺到身體的沉重感，呼吸的律動不順暢與急促，甚至有胸口悶或頭部漲與刺痛感，血壓升高，四肢的肌肉突然的繃緊，全身所有的律動，似乎開始沒那麼流暢與舒服，精神狀態不好，微暈感與疲倦感增加，甚至感到好像生病般不舒服。

⊙意識情緒會與物質產生量子糾纏

這兩個覺察自己的練習，就可以讓自己的意識專注力，覺察到情緒與身體的一體關聯性。若是能夠每天撥出時間持續練習，可以逐漸強化覺察的力量與範圍，這樣才有足夠的意識專注力進行更深入的下一步驟。那就是順著情緒的反應上去追溯，是什麼認知觀點在詮釋所接觸的事物？

有的人喜歡學習街舞，有的人喜歡學習瑜伽，有的人喜歡健身，有的人喜歡冥想，有的人喜歡禪修，也有的人喜歡學習我所教授的【量子轉念引導技術】系列課程。無論我們選擇學習什麼類別的知識或方法，其目的都是想要達到放下負面的情緒走出心靈傷痛。

倘若無法在學習的靈性課程中達到提升自己或預期的結果，若不是選了不適合自己的方法工具，就是選了不適合自己的教導者；若是兩者皆選擇到合適自己的，卻依然達不到預期的結果，那只有一個關鍵因素存在於自己的潛意識裡，就是糾結在「懊悔」、「自責」、「愧疚」、「妒忌」、「怨恨」、「報復」、「自卑」的信念世界裡無法解脫。

而能做到「全然地寬恕自己」，是唯一療癒心靈創傷與讓自己意識覺醒的工作，但卻也是最困難重重的。因為需要決心投入漫長的時間，持續、堅持不斷地面對自我轉念，直到「全然心安理得」的意識狀態，那就是「覺悟者」了。

量子物理及許多科學研究已經證實，你的意識情緒內容，會直接與身邊物質產生量子糾纏的鏈結效應，然後以你無法預測安排下，回饋在自己的真實生活中。

你希望改變什麼結果，就得改變潛意識舊確信的意識情緒，才有力量連結新願望。

你希望得到什麼結果，就得以潛意識確信的意識情緒，焦點校準在相對應的內容。

釐清我是誰？我存在的意義？

人生就是混沌理論的具體化現實。近代的文明將世界、生命、存在的價值，包括自己人生的意義唯物化，想以量化、機械式、系統化建立的標準來衡量世界，目的就是想，經由掌控在自己的能力內，來消滅內心的不確定感。

「人定勝天，一切都能在掌控之中」的信念，已經深植人類的潛意識裡，並且以掌控能力的大小、範圍，塑造成「成功 V.S 失敗」、「有價值 V.S 被淘汰」、「強者 V.S 弱者」、「優秀 V.S 拙劣」、「時尚 V.S 庸俗」、「進步 V.S 落後」、「尊貴 V.S 低賤」、「尊崇 V.S 唾棄」、「對 V.S 錯」等等，在這世界上到處可見的人生追求境界。

⊙混沌理論

三十年前，科學家們首度提出「混沌理論（Chaos theory）」，這理論的四個事實要素：

1.非線性的聚散結構

任何事物和現象間常交互糾葛，每種行為都只是暫時反映出當時的變動情形，是非線性、動態的和暫時性的，永久平衡並不存在。這點和佛陀說的「因緣法：凡事因緣而生，也因緣而滅」是同樣的。

2.蝴蝶效應

對微小不起眼的事件或現象，整個事件系統的發展和蛻變，可能會扮演具相當程度影響性的關鍵角色，對系統的變化是非線性因果發展且難以預期的。但是，這理論有個核心觀點常令人忽略，那就是：不能只看到「始於微小的事物」本身。若是能再深入這微小事物背後隱藏的核心因素，就可以掌握積極創造的條件，可促進事件系統趨向締造出適宜的事件系統型態，免於事件系統崩潰的危機。簡單說就是，意識創造實相。

3.奇特吸子

事件或現象的演變極為混沌，然而經歷長久時間的變遷，在詭譎多變的狀態中，仍可清晰見出不規則的變化，還是遵循某些特定的範圍或形狀而變化。奇特吸子表示，事件系統雖然混沌，還是會潛藏著一或多個遵循某些特定的範圍或原則，並像吸引力法則般，能夠以其他因素來主導系統的演變，且是可以被預測的。

4. 回饋機制

能將事件系統的輸出，再回饋轉為輸入，形成回饋圈。當事件系統有外力介入，產生變動時，將引發事件系統產生自我轉變並整合，使混沌狀態逐漸變成穩定狀態。

因此，當各種事件在一個系統中各別進行時，看似雜亂無章的現象，卻潛藏著規律秩序的結構，更高更廣的規律秩序開始出現。例如地球上：各地域地形的自然變化，南北半球各區域的海洋自然流動與溫度，大氣層內各氣流與空氣的自然律動，陸地上的各種植物生物等等。這麼多各自看似彼此不同、毫無關聯、無規律、無序的運作，在同一個地球的系統中進行時，你就發現了食物鏈與生態鏈有規律、有序的關聯。

「牽一髮動全身」顯示了，人定勝天、一切都能在掌控之中的信念，只是個幻覺妄想，大自然的混沌系統，遠超過人類狹隘的五感官所能預測和控制的範圍，何況是整個宇宙呢？

⊙自己跟宇宙的關聯

為了讓大家可以理解自己跟宇宙間的關聯性，現在請各位發揮聯想力與想像力，跟隨著以下我的文字描述一起遨遊宇宙的樣貌：

我們都知道，任何物質要能被呈現出它的樣貌，需要靠「光」在照耀後的不同光頻反射，進入到我們的視網膜，才能還原出它的顏色及模樣。但是光還是有速度上的極限，它行進的距離是秒速三十萬公里。

宇宙星系與星系之間的距離，有些是超過幾千幾萬光年，也就是，以光行進的速度，都要上千或上萬年的時間，以人類的壽命來換算，一輩子是絕對到達不了。就算我們現在以肉眼看見了它，那也是幾千幾萬光年前的它，並非目前的它，因此我們現在朝宇宙看，看見的都是「宇宙的過去」。

宇宙學家也說，目前的宇宙還不斷在膨脹之中，所以若能往宇宙一直延伸看，就像是回溯倒帶一樣，可以看見宇宙所有的過去，甚至到宇宙大爆炸之前初始的那個奇異點[1]以及混沌狀態。

宇宙學家甚至說，宇宙是先從虛無混沌狀態下，一股不知名的能量形成奇異點，然後快速膨脹與冷卻，使得粒子間相互碰撞結合組成；接著像膨脹般地不斷往四面八方擴散移動，發展成有時間、空間、物質、能量的結構；接著會在膨脹到最大體積之後塌縮，然後回歸到原先的奇異點

1 「奇異點」也稱為重力奇異點（Gravitational singularity），或稱時空奇異點（spacetime singularity），體積無限小，密度、重力、時空曲率無限大。

狀態。這樣發展的模式，跟人類一生的週期模式，是否非常相似？

人類這個個體一開始是在虛空的混沌狀態，經由父親的精子與母親的卵子結合後，成為一個單細胞的受精卵；經過數次的細胞分裂，逐漸形成血管、血液、器官、毛髮、骨骼、肌肉、皮膚、指甲等等組織，身體也逐漸成長。接著誕生後，隨著身體的長大，體內各個器官間的距離也比先前來得大；隨著年齡到達了巔峰後，從二十五歲開始逐漸衰退；慢慢到了死亡後，所有身體的細胞、器官都不再運行，有形的肉體最後就是腐化回歸塵土，意識回歸到宇宙。

人類有形的一生週期，不就是一個縮小版的宇宙週期模型嗎？

最小的才是最有力量的。渺小不是自卑，是謙卑。任何再大的物質，都是由微小粒子的「弦」驅動它。宇宙起源是奇異點、組成大又有形的物質核心是振動弦、人類是從受精卵啟動而存在、滴水持續不斷能穿石等等，舉凡所有你眼界所及之處，全都是宇宙和自然界運行法則的鐵證。

⊙破解物競天擇

老子《道德經》第七十六章提到：「是以兵強則不勝，木強則兵。強大處下，柔弱處上。」驕兵必敗，木頭雖剛硬，卻招惹弱小的人類砍來做兵器，以為外在與外力強大才能偉大，反倒召感打擊挫折，讓自己處在下風；看起來最微不足道、柔弱的個體，卻是最有主導力的核心價值，處在上風。

佛陀也說：世間有四種事，雖小不可輕視。一，王子年齡雖小，不可輕視，若是隨意欺負他，他長大會是一國之尊，必定報復引起戰禍；二，龍子（指蛇）雖小，不可輕視，這類漂亮花紋的龍蛇都有劇毒，隨意欺負會因它要自衛反被咬而中毒；三，火雖小，亦不可輕視，星星之火可以燎原；四，比丘雖小，更不可輕視，他會吸收很多經藏智慧，將來可以為大眾奉獻，協助分享解脫煩惱的智慧與方法。

我們因為沒有認識到宇宙實相運行法則的面貌，慣性以五感官以及唯物至上的價值觀，都在用有限的線性思惟觀點，輕視與處理無限可能性的思惟觀點。

我們自認自己的渺小，是個無能為力、脆弱、失敗、孤獨、無存在價值的自卑代名詞，想當然耳就認為，需要強大的自我或者依賴外力加諸在己。例如：金錢獲得或領導人數的數量，頭銜或學歷的高低，身材體型與外貌是否出眾，物質條件是否夠多，生活是否夠奢華高級……藉此把自己塑造成物競天擇下的強者，把其他小於自己的頭銜地位，或少於自己收入、領導數量的人，都視為物競天擇下的淘汰者及弱者，並認為，對待他們以鄙視、嫌惡、支配、視如草芥的價值觀言行是合情合理的。

這樣的價值觀與生命觀，導致自己並沒有因為得到更多或更大而感到安全與滿足。因為無常是宇宙不斷自我創造的唯一法則，創造意味著「變化才是常態」，永恆不變的狀態是根本不存在的，所以反而會讓自己不斷擔心、恐懼，自己有一天也會淪落被淘汰的下場，只能將自己推向「要不斷強大自己」的目標，而不是展現自己內在生命本質的方向。就是這樣令人痛苦不堪的輪迴，將自己活出五濁惡世的生命品質。

表象最大的物質，是實相最小粒子的僕人。真正有力量的，是由最小的單位做主。這跟我們目前現實生活的模式不同，所以我們在受苦，違背自然法則。

這就是我們自己為自己創造一個內外分離的世界。所有的發生是隨機巧合的，所以物競天擇的生命起源觀下，我們永遠感到自己的無能為力、弱小與孤單。

⊙萬物源自意識

但是量子世界揭示的真相是：我們彼此是連結關係，絕非競爭關係。彼此之間所產生的相互影響，發生的一切具有其意義，程度差別只在於個體意識訊息內容或是集體意識訊息場內容，即便是來自集體意識訊息場內容，也是「每個個體意識各自所確信的想法，形成的共識訊息」。

創造「黑洞」、「蟲洞」、「量子泡沫」、「多重宇宙」等新詞彙的物理學家約翰．惠勒（John Archibald Wheeler），提出了參與的宇宙（participatory universe）這個概念。他指出，宇宙是一個自激迴路，現在的觀察，參與乃至創造了宇宙之誕生。他強調觀察的意義：我們觀察到什麼，取決於我們用什麼方式提問；我們所見到的世界，也是由於觀察而成為存在的。他為此下一個結論說：萬物源自訊息（It from bit）。

訊息（意識）是以波包的方式在宇宙間不停活動著，訊息與訊息之間一但接觸了，就會透過相互干涉或共振來交流。由這個原則來看，意識活動時，是以「確信（專注）」為核心，來作為振動頻率的場；或是以「軟弱（渙散）」為核心，來作為振動頻率的場。

「確信」的意識因為專注，就會扎實導致訊息的波較強，屬於創造、主導性與實現性等能量；「軟弱」的意識卻因渙散無力，導致訊息的波弱，屬於依賴、被支配性與絕望性等能量。這兩種屬性的訊息（意識），就會透過傳播、共振與凝聚成形，產生屬於該性質條件的現實世界。

⊙形態形成場

我還可以再舉形態形成場（Morphogenetic Field）理論來證明這個運行法則。

一九八〇年代，英國知名的生物學家魯伯特．謝德拉克博士（Rupert Sheldrake）提出「形態形成場」理論，這理論的核心重點：不只聲音會產生共振，事件也會產生共振，只要同樣的事情連續發生幾次之後，「形態共振」（Morphic Resonance）就會形成事件的「形態形成場」，它就可以被視為範本、範例般的模板場，其傳播就可以跨越空間與時間的界限，瞬間影響到其他地方，只要和這個「形態形成場」產生共振，同樣的事情就能再度發生。

在生物的各層組織裡，包括有形的細胞、組織、器官等等，不是透過遺傳基因來傳遞的，而是按照「形態形成場」裡記錄的訊息，超越時空的影響來塑形。它不僅決定了生物的受精卵形狀，該如何發育成該物種外觀的體形、成長與保持外，還能賦予它們各自的特性，也可以演化，同時也決定了無生命的物品、結晶體形狀，以及無形的能量態。

目前這理論除了可以運用在解說生物形態，在知覺、行為、心理與社會文化等等的活動組織作用上，同樣適用。

每個不同「形態共振」產生訊息場，都各自擁有專屬於自己的歷史記錄，就像是不同用途的物件型態、不同用途的建築物造型，都會有每張記載著各自不同設計製作方法的專屬藍圖一樣，所有的存在（Being），都由它負責。

⊙碎形理論 V.S 全息理論

碎形理論（Fractal Theory）的定義：一個物體且物體上無論大小的每一部分，和整體長得極為相似的性質，像是個整體的縮小版般，然後以不同的大小尺寸或者其中的一小部分不斷出現，這就是碎形。

你可以從雪花的結晶形狀上，切一小部分後再放大觀察它，你會發現，又是個完整的雪花結晶形狀。你身上的 DNA、太陽系形狀與原子圖形狀等等，到處都可以看見碎形的證據。

全息宇宙論（Holographic Universe Principle，也譯為全像宇宙論）的定義：認為整個宇宙可以被視為，一個呈現在宇宙學視界（Cosmological Horizon）上的二維資訊訊息結構，目前我們住在自己所認定的以五感官觸及的真實物理世界，其實是一個由充滿詳細資料的訊息場，透過我們的大腦所解碼，模擬投影出來的三維物質宇宙，建構成了能由我們五感官所能觀察感知到的一切事物。

⊙無常理論＝海森堡不確定性原理

我把佛陀對於無常的本質——因緣生、因緣滅、諸行無常，以現代通俗的語句「無常理論」來敘述。因為我覺得「無常」是非常符合宇宙運行的現實，所以我以「理論」來稱呼它。

無常的現象是恆定不可逆的，簡單說就是：所有世界上一切存在的事物，都是因為元素條件的交互作用而組成，也會因為元素條件的交互作用而消失。變化是時刻發生的，只有程度大小的區別。

海森堡不確定性原理（Uncertainty Principle，又稱測不準原理），之所以會有測不準的現象，是因為：宇宙中的任何東西都同時兼具「粒子」和「波」兩種性質，任何的量測方法都一定會影響到「被量測物」的當下狀態，因此我們永遠無法量測出「被量測物」當下實際的真實狀態。

⊙非物質世界＝物質世界

碎形理論與全息宇宙論的對比，以及無常理論與海森堡不確定性原理的對比，它們雖然是由不同時間、不同的人發現到而提出的，但在本質定義的描述上，卻有著太多太多的共通之處。

從量子雙縫實驗、量子糾纏、百猴效應、惠勒延遲選擇實驗、超弦理論、M理論、調諧客觀還原理論、混沌理論、形態形成場理論、碎形理論、全息理論、藍腦計畫、克里安照相術、萬物源自訊息、無常理論、海森堡不確定性原理等等這些證實的結果，我整合後得出一個關聯等式：

非物質世界（意識＝訊息＝超弦＝基本量子＝場）＝物質世界。

⊙掌控內在就等於掌握了外在

達爾文對物種與人類生命起源的觀點與論述，顯示他比較在乎的是生命出現以後發生的事（果），比較不在乎生命當初怎麼出現的起源（因），一切以結果為導向，所有努力的行為只著重改變結果的「適者生存，物競天擇」。這樣的邏輯，大大影響了人類的生命價值觀，人類自此開始只關注人生裡發生中的事情，以及發生以後的事情，完全不在乎事情發生的當初是怎麼出現的徵兆。

若是事情發生的過程與結果不如心中所預期，就只想著，如何以更大力量或更多數量去影響它、征服它，轉變成為自己心中理想的那個結果，所以競爭、對立、不公義、冷眼旁觀、落井下石、背叛、勢利、跋扈、囂張、霸凌、算計、謊言、詐騙、中傷、出賣、勝者王敗者寇等等，就成了我們世界裡生存的價值觀。

人類也是在這大型的混沌系統裡運行著的其中之一，我們的意識即是宇宙系統的奇特吸子，透過蝴蝶效應，在每一生中，以非線性的聚散結構呈現。接著藉由回饋機制，在宇宙時空裡運行著；然後經由形態共振，凝聚為形態形成場；再由我們的大腦神經元與五感官，在自己的人生中，以有形物質與現實的形象實現，整合成自己當下人生的真實情境。

所以，從許多新發現，我們該清醒的承認：宇宙實相不是唯物論，自己存在世上的價值也不是唯物觀，是透過創造實現潛能，體驗存在（Being）的意義。

掌控內在小宇宙，就等於掌握了外在宇宙了。

我們是高等的存在，並非如唯物論所述，我們是隨機下被創造出來的生物。

⊙幻相的我 V.S 實相的我

幻相的我

1.有大腦與肉體等物質的存在，才會有我的存在。同樣的規則，有名氣、獲取金錢的能力與工作、擁有姣好的長相身材、擁有力量，它們才是物競天擇下可以存在的價值條件，得到這些價值條件，才能證明自己是世界上值得存在的適者。光談理性不談靈性，狹窄的唯物主義與偏執的功利思想，痛苦煩惱卻不是物質，也無法單憑唯物與功利就能消除。

2. 意識心靈提升對靈性成長與生命實相而言，確實是不可或缺的核心。但若以心物分離為訴求基礎，光談靈性層面的美好，追求速食性的靈性提升或情緒止痛的方法，完全否定理性層面的價值，就會淪為逃避現實及不切實際的空談，最後被以「怪力亂神」四字就拍板定案了。看似在解決與提升自己的精神層次，實質是以「逃避深入人生未解的問題」為目的，掩人耳目的做法，只有徒增痛苦煩惱。

實相的我

1. 意識心靈才是恆常的存在，大腦、神經元、器官、組織、身體、五感官，是實現「想法變成實體」的介面，就像電腦的作業系統、晶片、記憶體、線路、顯示器、儲存裝置、麥克風、喇叭、鍵盤等軟硬體系統設備，實現人類使用者的想法、創意，為實質可見、可運用的作品。

2. 意識心靈雖是啟動肉體的主要條件，而且凡所有物質（包含肉體）都不是永恆不滅的存在，但是光只有無形的意識心靈存在，沒有可以供意識心靈轉換的工具來實現藍圖想法，那還是無法對自己實相本質產生覺醒的力量。

人類使用者即便有許多想實現的構想藍圖與計畫，卻只停留在「空想狀態」，沒有行動將它輸入電腦裡去運作，那麼是無法對自己的想法產生肯定，只能一直處在揣測中。物質肉體與意識心靈的關係，跟電腦與人類使用者的關係，都是相互輔助的關係，並非障礙污染意識心靈或令人沉迷玩物喪志的目的而存在。

⊙自我對話引導法

自我對話引導要點

1. 能安全不被打擾分心的靜心時刻，閉眼、睜眼均不限，以個人習慣，能達到靜心專注的目的為主。
2. 將心力專注在內在的直覺感受上，還要加入沒有慣性先入為主分析的「觀察」。
3. 請開始依序自我對話，採一問題一回答模式。
   a. 請別改變順序或只挑選自認喜歡的問句，因為這順序是根據連鎖反應建立的，改變了順序或略過了一個次序，都會截斷連鎖性，造成斷片內容而感到更困惑。
   b. 每次向自己發問後，觀察自己內心的回應想法，請不要先入為主去評論回應的想法是否合理、是否正確或者能否理解，這都會造成中斷連貫性，只要以自己能聽見的音量，坦承將其說出口即可。

c. 等整組自我問答流程結束後，再統一整合問與答的內容，必能讓自己有所領悟。
d. 為了輔助深入內在，每一問題可以利用向自己複述發問三至五次後，再觀察回應的想法。

解構探索自我的對話引導法

1. 向自己發問的問題順序：
a.「我是誰？」
b.「誰是我？」
c.「理想中的我該具備什麼？」
d.「具備了這些，證明了我是誰呢？」
e.「證明之後，我能常過的心安平靜嗎？」
f.「理想中所該具備的這些，是誰的期待？」
g.「現在的我，究竟是別人期待的樣子，還是真實的我？」
h.「我的手就代表是真正的我嗎？」
i.「我的腳就代表是真正的我嗎？」

j.「我的頭就代表是真正的我嗎？」

k.「這真的是完整全部的我嗎？」

l.「我是以『證明我是誰』的心念在過活？還是以『了解真實的我是誰』的心念在過活？」

m.「我想成為哪一種我？」

2. 將所有直覺回應的答案，重新從頭到尾讀過後，將內心的感受與領悟記錄下來。

3. 每星期練習一次整組自我對話，持續八星期。最後一次結束後，將這八星期每次的整組練習記錄下來的答案做比對，回顧這八星期的心靈、想法、情緒與生活現況，有何相同與有何不同？然後將內心的感受與領悟記錄下來。

你最想知道的解答

Q：接受一對一量子轉念引導技術的引導，或去上課學習量子轉念引導技術系列課程，能夠解決我人生目前遇到的困境嗎？

A：我舉目前在全球大流行的新冠病毒的例子作為比喻來回答。

受困境所打擊，感到受挫及痛苦等等，就像是對新冠病毒無免疫力的被感染確診者般的情況。接受【一對一量子轉念引導技術】的引導，就有如接種新冠疫苗的目的一樣，一方面透過最終的領悟轉念，使自己有健康的心靈力量扭轉困境，同時也從中提升了心靈與智慧，讓自己對於類似的困境事件更有免疫力與抗體。

學習【量子轉念引導技術系列課程】就像是學習正確防疫新冠病毒的知識一樣，因為你永遠無法得知無形的病毒隱藏在哪裡？除了提升自己的免疫力外，正確的落實衛生健康觀念，才是預防被感染的治本之道。

就像是我們在生活裡，除了睡眠外，我們的五感官都隨時與生活、工作、居住環境、人與人間的言行接觸交流，你無法預知在何時何地會接觸到，會觸動潛意識裡的扭曲偏執印記信念，然後讓自己的思緒、情緒大受影響，甚至做了一些令自己後悔或雪上加霜的決定及言行。因此【量子轉念引導技術系列課程】能提供正確實用的提升智慧、轉念的系統知識與實踐的步驟方法，來幫助一個人去落實在真實生活中，避免受到扭曲偏執印記信念的干擾和威脅。

Q：你所提出的這些各種區塊的自我對話覺察法，能夠幫助到我什麼？

A：就像現在「新冠病毒檢測」的目的一樣，這些自我對話覺察法的用途，就是一項檢測自己潛意識裡，是否隱藏寄生的心靈病毒。當自覺潛意識裡已被偏執錯誤的印記信念潛伏，以及在接觸人事物時被挑起負面情緒與念頭時，檢測自己是否已被植入偏執錯誤的印記信念，以利自己重新調整心念，並可以進階的作為接受【一對一量子轉念引導技術】的引導時，能更聚焦的讓自己追蹤印記的時間歷史軌跡，加速探索到轉念威力點，達到轉念與覺醒。

Q：【一對一量子轉念引導技術】及【量子轉念引導技術系列課程】，和其他心靈療癒課程有何不同？

A：我先聲明，我所提出的「不同之處」，意義在於表達「差異之處」，沒有藉此「優劣好壞之比較」來刻意凸顯長短處之分。因為我相信，每種課程、方法的原創者，出發點都是想要助人離苦，而且都是花上他的心血與精力的結晶，這都是不容抹煞與忽視的事實。有的只是因為時空環境背景下，形成觀點角度上的寬窄，身為後輩的我，只有從找尋終極答案的研究上，有所區別、取捨、改善與重整的權利，沒有要評論優劣好壞之比較。

在二〇一三年九月開始了【一對一量子轉念引導技術】及【量子轉念引導技術系列課程】的預約引導和教學授課，直到二〇二一年近八年的時間，除了有電視、文字、網路新聞報導過外，二〇二一年二月在新加坡地區獲得英國CPD[1]（Continuing Professional Development）持續專業成長課程認證機構審核通過授證。

英國CPD認證機構是非常具國際公信力的審核單位，以嚴謹專業出名。我的課程在提交的過程中，需經評估小組，對授課課程的導師資格、課程教材、學習內容、PPT、教育結構、學習

1 英國CPD認證是以專業職業的再進修教育為主，例如：醫師、律師、教師、工商業等涵蓋多項領域，在美國、英國、歐洲及大英國協（又稱英聯邦國家，近五十四國，如：加拿大、澳洲、紐西蘭、印度、斯里蘭卡、新加坡、馬來西亞等等）均有影響力。英國NHS國民保健總署、利物浦大學、威斯敏斯特大學、紐卡斯爾大學、倫敦政經學院、三菱電機、瑞銀集團、西門子、LG，杜邦集團等等知名機構，在英國都已做了CPD認證持續專業成長教育課程。（https://www.cpdstandards.com/providers/consciousness-infinity-studio-pte-ltd/）

目標、未來發展、對學習者的幫助等內容，綜合全面審核、評估分數，確定符合他們對一門課程核定認證的要求；而且是少數以中文華語系，且是以抽象的心靈意識轉念技術，能獲得英語系為主的英國 CPD 國際認證，並獲准可以在有 CPD 標章的結業證書上，可以我親自簽名的字樣。

這代表著什麼含意呢？

我不確定其他關於心靈療癒的課程，是否也同樣經過類似具國際級公信力的審核機構認證。這代表著我所創立的【量子轉念引導技術系列課程】，不論是在理論、以心靈意識闡述個人的人生、情緒、心靈狀態、愛與愛情、親子、人際關係、金錢障礙、心身健康、生死課題、勇氣、創造力、人生藍圖、心物合一、夢境解析、去除罪惡感創傷移情等印記信念……等心靈枷鎖乃至宇宙實相，與上述課題相對應的實施步驟技術、教材的編寫、我的教學方式等等內容，受專業嚴謹權威的公信力審核機構評定，證明課程與技術的授課教育，已經達到國際行業職業教育知識系統化標準與水準。

這已經證明了，它不是屬於憑空想像、難以實踐驗證的抽象概念，或僅是追求靈性揚升，被旁人視為逃避現實、大吹法螺的異類課程；而是企業人士、各專業領域的人士、基層中層與高層工作領域的朋友、男女老青、自創業或就業者、退休人士、士農工商或傳媒、教育、心理、醫藥、服務、宗教人士（若自己不在意的話）等百業人士全都不違和，並與高級職業專業課程同等價值的實用課程。

Q：現在很多大師都說，不需要去上心靈課程，也不需要老師的指導，答案都在自己內心裡。所以我只要買相關書籍看看，或者現在 YouTube 頻道上那麼多人在分享這些知識，我只要多看這些就好了，不需要再去上什麼課程，我就可以幫自己覺醒了吧？

A：問的好。會說這樣答案的人，若沒有在一個完整交代理由的基礎而下結論，是非常不負責任的，秀出自己的無知和夜郎自大罷了。

例如：你不會覺得生病這件事，到醫院給醫師診斷是多餘的行為，身體都有免疫系統，只要有藥房買一些止痛藥或感冒藥，又或者讓身體自行恢復就行了。病理診斷、調配藥物、駕駛飛機汽車等各種交通工具、減重健身、農作耕種、烹飪廚藝、建築與建物設計、各種司法調查、刑事民事辯護、體操體育……等，這些只要買相關書籍或網路影片看看，就可以學會使用了？不需要專業老師的指導，或經過相關審核取得專業資格，因為人都有學習、反思、推理、領悟的本能，你覺得這樣的邏輯說得通嗎？

簡易的技能的確是可以無師自通，但具有複雜度或有風險性的技能，是絕對需要專業人士來協助的。專業教學者的存在價值，是協助學習者減少及避免複雜度與風險性的阻擾和危險，能順暢將知識技能傳承給學習者，與壓縮學習者走入誤區閉門造車的時間。

心靈覺醒與意識覺察的知識與技能，絕非簡單的技能。在旁參觀別人展示技能，跟親身參與那項技能，那絕對是天差地別的，這就是參觀跟參與的區別。

四、解構人生課題的迷思與障礙

愛與關係篇章

愛，有許多不同的環境、關係、角色、年齡，有著不同層次的內容，例如：愛情、親情、友情，對貢獻者、對扶弱者、對團體或族群、對公眾與生態環境等。我們在生活裡，從父母與親人的言語、行為互動中，在成年了之後，建立的兩性關係、人際關係、社群關係等等，我們常常會聽到並用到這個字。也就是說，從我們在母親子宮孕育、出生、成長、年老，「愛」這個字就如同我們時刻需要呼吸的空氣一樣，如影隨形在身邊跟我們互動著，直到離世前刻，都還沒有離開我們。

⊙「愛」的兩極

「愛」是那麼樣親近，卻又是那麼樣的疏遠？我們很多時候會因為獲得愛而感到溫暖感動，但也有很多時候，我們對於擁有愛或失去愛，卻同樣都有心理的恐懼、擔憂，認定愛是對自己會造成傷害與負擔的情感。

那「愛」為什麼會朝向兩種極端的面向？到底它能不能被定義？還是它有著什麼樣的一種神祕面紗，像把關著聖物寶藏般，導致我們無法輕易地去了解愛是什麼，必須要得到通關密碼授權，才能通過關卡，無懼的擁有它。難道是因為這樣，才導致「愛」這件事，在我們的生命裡是如此的重要，卻又是如此的負擔？

以愛情為例，以為「占有對方」的行為就是付出了自己的愛及得到了對方的愛，甚至到了用盡心思與精力去掌控、限制對方的生活節奏與活動範圍，干涉對方在生活觀點與行為上的選擇。

我們每個人的肉體是物質形態的，現實上確實是有時空制約的。但是愛是屬於無形的精神層次，無法制定一個世界公認科學量測標準的物質與空間形態，來證明、約束、控制它。愛就是無時空限制的狀態，無法被他人掌控、限制、約束、占有。用占有肉體的行為，妄想就能限制無形無時空障礙的愛，達成你想要區隔的目的，這邏輯就像：一個人以為在地球上的海洋中買下一座島嶼，就天真的認為，「占有它就可以完全阻隔跟地球上的海洋及島底下與地殼相連接的關係」一樣荒謬絕倫。

⊙行為、心念、語言影響「關係」

關係，這裡綜合涵蓋指上述愛的不同環境、關係、角色、年齡等層面範圍。所有的關係順遂跟不順遂，除了我們的行為、心念以外，還有一個我們最常忽略的因素就是「語言」。為什麼？

因為「語言」是以能量波的形態進行，不是眼睛可見的實體物質。雖然現在可以用科技將「語言」錄製下來，讓它變成偽物質般地停留在五感官可識別的狀態，但是在潛意識裡先入為主的錯覺信念，認為語言是無法長期停留的不真實現象，說完就消失無影無蹤，反正口說無憑。

因此「調嘴弄舌」、「口無遮攔」、「惡語傷人」、「惡意訕笑」、「暗中傷人」、「陽奉陰違」、「口蜜腹劍」、「挑撥離間」、「誇大其辭」、「搬弄是非」、「謾罵詛咒」、「言語霸凌」的行為，都像是一副「說過了就煙消雲散了，那又不會造成怎麼樣」，或是打著「言論自由」為保護自己的心態，大肆妄為、變本加厲的，成為自己日常生活中可以發洩情緒的合理習慣了。

佛陀曾於不同時期的說法中，告誡過佛弟子們，如：「這就像無慚無愧的人，喜歡打妄語，使自性被覆蓋，道法不能入心一般。」「言語用之不當，就如斧在口中，凡是邪惡的、銳利的、譏諷的、刺激的、刻薄的、中傷的、得理不饒人的言語，都是殺人不見血的刀劍斧鉞。」佛陀把「語言的力量」稱之為「口業」，也就是嘴巴以語言所說出去的一種力量。所以他說：「你們應當守住口業，因為口業果報嚴重，造口業的過患比猛火還要可怕。」

佛陀說的並沒有錯，若是客觀且撕下先入為主的宗教教派標籤來檢視佛陀這些說法，你會發現，這些觀念並不是只限於道德或宗教教義的規定，而是宇宙實相運行的法則。

你看地球上所有的氣流跟海洋流，它們兩者看似分道揚鑣，卻能以人類五感官無法辨識的隱形能量場域串連成循環。還有你看到每個大小不一的物質裡面，最微小的基本粒子，都是以振盪律動存在著，並且共處在宇宙量子場裡接觸交流循環的。連我們在觀察電子的時候，都會因為觀察者的觀察行為，與電子間產生糾纏效應，影響電子的運動現象。

「流動」=「變化」的這狀態，是宇宙的日常，也是所有生命的實相。你無法把這常態固定或封住在一個你理想中想掌控的範圍裡，這個想法與行為，是不符合現實的宇宙自然現象。因此，愛與各種關係都遵循這法則，愛及關係都必須要「循環」，循環、流動、變化都是同義詞，就是無常這詞所要涵蓋的廣義。

⊙情緒是一種語言

意識心念會啟動情緒，情緒會聚合成能量，能量一定能夠與其他能量互動。我們彼此關係所產生的互動行為，是顯性的現實狀態，但卻是由隱性的情緒驅動互動行為與模式。情緒無論是正面或者是負面，它同樣都具備能量、流動、變化、循環的特性，所以需要有管道能導出，這導出的管道可以是肢體行為、語言、文字、行動，甚至可以是健康方面。

比如，要表現愛或是善意，可能會用我們的肢體語言、聲音語言或者採取某種行動來輸出。若是憤怒或惡意，也是同樣的管道輸出。這都可以從語句的語意語氣、行為及行動的方式和內容，接收到表達者是正面或負面的情緒。

這能量的流動圍繞著本人身上，形成一股能量場域，開始在宇宙時空中像是雷達儀一樣，在搜尋同頻同頻的能量。不僅自己會不自覺朝向同頻能量的發送者靠近，對方也不自覺向自己靠近，兩個就像事先要在同條路線上相遇一樣。若已經會合上另一股同頻能量後，雙方會自動開始共振，接著彼此就形成一個循環迴路，然後增幅那個頻率的功率，自己不但開始往更多同頻共振的人事物靠近外，也吸引他們朝向自己，就像是大型的聚會一樣。

其實，所有不同類型的關係發生失衡現象，都跟「管不住自己的嘴巴」有著非常密不可分的關聯。怎麼說呢？我們本能地會在五感官接觸事物時，自動化跟潛意識裡原先的印記信念進行比對，若因吻合而被觸動，就會產生情緒的反應；情緒不會在心裡面自然消失，它若無法被轉換的話，就需要有個出口宣洩。

因此，屬於「正語」的意識心念，就會為自己帶來良善、和平、豐盛、平安的關係現實。屬於「惡口」的意識心念也是遵從同樣的規則，為自己帶來邪惡、紛爭、貧困、恐懼的關係現實。在現代網路發達的世界，若是以網路發表的語言，那麼這「正語」與「惡口」的效應，會以疊加的加乘力道，實現關係現實的強度。

⊙「愛」不可計量

前面章節裡就提到，現代科學證實，意識心念本身就是創造真實世界的基石，當意識心念透過「語言」這個成果在三維世界存在，等於是將能量波經由「觀察者效應」，同步將自己潛意識與現實世界接通、穿梭、串連，存在宇宙量子場的各種不同的元素、能量等等。可以被意識心念組合、運用與創造的材料，會迅速服從你意識心念的目的，跨越時空的限制，遵循著物質世界的自然運行規則，在該成真的時刻與時間現身。

所以「自我覺察」這行為，就顯得非常的重要。因為在沒有覺察自己的起心動念之下，在日常用語、社群網站發文留言也好，自以為是的對他人酸言酸語，或者是語帶鄙視歧視的字句，你任憑這些負面能量不斷在三維空間重複與強化，說這是時代潮流、酷與帥氣，這根本是在替自己感召更快更多的不幸與打擊的人事物，打造成如地獄般痛苦人生的超愚蠢想法。

同理，「愛」本身既是來自意識心念，也同時像「關係」一樣的模式，無論是兩性之間的愛，是親子之間的愛，或者是更宏觀的對於萬物眾生的愛，你給予的是驚喜還是驚嚇？是溫暖還是冷漠？是尊重還是踐踏？是安心還是驚恐？

無論是上述提到的範圍，從人與人之間直到人與萬物眾生之間的愛，愛都有一個核心不變的元素存在著，就是：愛是沒有標準範圍大小、距離遠近、重量輕重、數量多少、預設立場等規格，可以當作度量的基準。所以它發揮出來的力量是無可計量的，不以得失的恐懼心為出發點，就會自然展現無私行為。

然而在現實的人生中，你在向別人表達愛的時候，在行為上，或選擇可以代替自己表達愛意的物質工具上，還是會發生物質的大小、價值輕重或數量多少的差異現象；但這種差異，僅是物質本身依照宇宙自然法則的設定形象，而被人類在主觀下塑形成價值輕重的標籤。既然愛並不是以有限的物質存在著，那麼物質的大小、價值輕重與數量多少這些有形現象，根本無法限制與取代你的意識心念下無形的愛。

⊙心念的力量

我舉一個古老的故事來解釋，讀者較能有具體與貼近生活性的理解。

在深山一座佛教寺院裡，有位睿智及非常有名的方丈，一位當朝的大將軍慕名已久，他特別攜帶了相當多數量的金銀珠寶要奉獻給寺院，希望藉此行為，能夠得到方丈接見的機會，請示方丈，為自己開啟人生的困惑。

不巧方丈此刻正在會見一位很重要的貴賓，寺院負責諮客接待的小和尚就依照方丈的指示，如此回覆了這位大將軍，請大將軍耐心等待。大將軍心裡暗自想：在這國家的領土上，現在除了皇上以外，就屬他最高貴了，這天下還有誰的位階身分比他更尊貴到，方丈非得為了親自接見而讓他等候呢？

詢問了負責諮客接待的小和尚之後，才知道，原來這位讓他需要花時間耐心等候的貴賓，是一個奉獻給寺院五文錢的乞丐。這讓大將軍當場十分震怒，主觀認為方丈是在當眾羞辱他。當大將軍無理莽撞的直奔方丈會面乞丐的會客室裡，一見到方丈，也不管那位乞丐及其他人在現場，就將自己的情緒與想法直接說出來：為何自己把滿馬車的金銀珠寶帶來奉獻，卻比不上才捐五文錢的乞丐，能被方丈花時間接見與開示？

方丈向這位大將軍娓娓道來：

「這五文錢對這位乞丐而言，是花了一整天的時間才乞討到，是他身上全部的財產；他為了供養寺院，奉獻了這五文錢後，身上已經毫無分文了，接下來下一餐有沒有著落都是問題，甚至自己明天該怎麼過下去，都充滿了不確定性。可是他能夠克服這些恐懼，能夠堅定奉獻跟供養的心志。如此心念，難道不值得令人尊敬嗎？

「反觀大將軍你，榮華富貴集身、家財萬貫，你帶來這些金銀珠寶的數量與價值，雖然高貴於這五文錢數千數萬倍，但是你捐出來的這些金銀珠寶數量與價值，相較於你所擁有的身家財富數量來說，僅是九牛一毛，無關痛養。相較之下，誰的心意虔誠？誰的勇氣可嘉？誰的心念值得尊敬？你說說看，這樣情操的人你覺得不尊貴嗎？」

方丈說完後，大將軍非但沒有生氣，馬上自己覺得慚愧，當場向方丈請罪與向乞丐道歉，因為畢竟大將軍自己也是有在學佛修心養性，覺察力還是有一定的根基的。

在擇偶與友誼的選擇上，你在跟物質條件、職務、金錢收入數量、身分交往或結婚嗎？還是在跟一個人的心靈與精神層面交往？那麼，如果對方有一天調職、離職、收入金額有變動等等這些以無常法則產生的狀況，是否代表你就是離婚或分手了？

愛時說所有的好，分手時說對方所有的不好，目的是為了強迫說服自己，可以無愧咎的離開對方。因為你是跟這些物質與標籤在相處，而不是跟一個活人在相處。這麼，唯物觀只會帶來人類物化、人與人無法生活相處，只能跟不能自主思考的物質生活。難怪現在有那麼多人，因此結束一段又一段的關係而感到孤獨。

所以我以這個古老故事來隱喻，無論你從目前具備擁有的物質條件、能力和數量的大小有多少，來決定你心中的愛是否存在，或者是你是否具備愛別人或被人愛的資格條件。愛，是以你的心念與心意程度來決定，而不是你給予的物質金錢數量、是否貴重，來決定愛的深淺或存不存在的唯一證明。

⊙解構愛與關係

我們在愛與關係裡所有遭受到的痛苦，都是在迫使你，深切反省自己，正在選擇認同你是誰：是崇尚外在物質？還是自己的本質？

轉換情緒的基礎，是來自轉變信念的內容結構。大多數人因為不具備強壯的覺察力，所以都採用轉移焦點或是壓抑方式偽裝成轉念。但是這種做法只會像個氣炸鍋一樣，把情緒力量封住，憋在身體與心裡，到達了臨界點，就會產生一種反作用的爆炸性壓力，轉變成與關係間互動的言語或行為，或者反映在身體健康方面。這都是一種物理現象，是一種陰陽交流的自然律動。任何形式的存在都需要流動，沒辦法被刻意封住不動。

有意識覺察下的思考，會形成一股讓我們真正在生命裡面獲得自由、獲得喜悅、獲得幸福的力量。如果是沒有意識覺察下的思考，這種思考就只有破壞幸福喜悅與寧靜的力量，別無所獲。

⊙解構愛與關係的自我對話引導法

1. 先依照〈釐清我是誰？我存在的意義？〉篇章 P.160 裡的「自我對話引導要點」的三項要求進行。
2. 向自己發問的問題順序：
   - a. 這件事讓我煩心（痛苦、害怕）的理由是什麼？（請一一列舉出來）
   - b. 每個答案裡，我的感受與認定，在我記憶中，曾經與小時候成長過程的那個遭遇類似？
   - c. 小時候的遭遇及現在煩心（痛苦、害怕）的這兩件事當中，我看到了哪些共同點？
   - d. 我現在煩心的事，是當下我經過檢驗的結果，還是以我小時候那件事的經驗，直接複製貼上？

e. 當我了解到，是小時候的經驗與想法套用在煩心（痛苦、害怕）的理由時，我想怎麼做？我需要怎麼做，可以幫助到自己？

f. 我可以尋求什麼方式，來幫助自己徹底轉化小時候的經驗與感受？

3. 將所有直覺回應的答案，重新從頭到尾讀過後，將內心的感受與領悟記錄下來。

4. 當自己一遇到關於愛或關係上的障礙、痛苦或困擾時，就可以做這組練習。每次整組練習，記錄下來的答案與上次來做比對，回顧自己的心靈、想法、情緒，有何相同與有何不同？然後將內心的感受與領悟記錄下來。

金錢、工作、事業篇章

我們在選擇改變自己人生未來的路徑，或者是在決策一件事時，有覺察過，自己是依照「戰」與「逃」的本能反應，以避免危險為目的？還是已經掌握到相關聯的資訊，經過整合後，理出最適當的方案？

⊙戰逃機制

大多數人的覺察力都是軟弱無力的，在遭遇到與自己的存在價值及延續存在價值有關的人事物時，多數都是隨著相對應潛意識裡，被過去植入的偏執印記信念觸動反應後，沒有先經過意識的覺察，當成是必然的正確經驗，來做選擇與決定。這就是以戰與逃的本能反應模式，我簡稱為戰逃機制。

我們在做選擇與決定的時候，若是被戰逃機制主宰自己的思惟，只會僵化地把注意力焦點集中在現在的困境上；接著，在產生理所當然、符合因果關係的幻覺下，決定如何去改變的方案，其實這是拆東牆補西壁、湊合應付的行為，只會將問題蔓延到其他生活層面，為自己拉長苦難的時間，反而錯失獲得適當與真正安全方案的良機。

這樣的結果到底是怎麼成立的？

我以曾經閱讀過一本書叫做《地球是平的，也是圓的》，作者是史蒂夫．哈根（Steve Hagen），在書裡曾經有舉過一個實際發生的例子來作為解答。

書中提到，有一年在美國的西南部有一座大型羊牧場，羊牧場主人經常抱怨，不時會有山獅子跑來牧場，偷將羊拖走吃掉。羊牧場主人認為，這些山獅子會讓他們的經濟損失慘重，因為他們是靠養殖羊隻來獲取暴利，所以決定祭出高額獎金來懸賞獵殺山獅子。果然，吸引到了一群為了高額獎金，毫無節制獵殺山獅子的獵人，結果很快地就把這區域的山獅子完全給滅種了。

看似這羊牧場主人解決了經濟受損的問題，獲得相當豐厚的暴利，卻在時間經過不到三十年，發生了土石流讓整個城鎮滅頂的大災害。當然這座羊牧場也不能倖免於難，經濟與傷亡的數字損失遠超過想像，付出了極慘痛的代價。在當地政府邀請相關的學者專家去調查災難發生的起因時，才發現，這場大災難發生的主因，竟然是跟三十年前山獅子絕種有直接關聯。

山獅子絕種跟發生土石流災害，看不出這兩件事情之間有任何關聯，而且還長達三十年的時間，竟然它們兩者是有著因果關係。為什麼會這樣呢？

因為，是整個生態不平衡下，累積一連串連鎖反應的後果所造成的。在同區域裡的羊群、野鹿等各種草食動物們，都是靠吃地上的草類維生的，少了山獅子這肉食物種的威脅，就開始一直無止盡的繁殖，數量也跟著逐漸增多中，出生率大過死亡率數倍的差距，遠超過這區域裡的草類足夠供應所有草食動物們食用的成長速度、數量和面積。各種草食動物因為飢餓感，只好開始選擇吃樹皮，甚至把樹連根拔起來食用。當草食動物的數目已經龐大到一定的量時，在需要進食的同時，能夠把幾百平方英里的樹皮、矮樹、灌木連根拔起吃掉。

原先高原上這些植物的正常數量，是可以保護土壤，免於因暴雨氣候的侵襲下流失。如今這些植物因草食動物進食量而大量減少，一些沒有滅種的樹種，數量也降到無法再重建族群的臨界點之下，森林遭受到嚴重的破壞，高原上的土質已經十分疏鬆，一遇到暴雨沖刷，土石流的災難就因此發生了。

所有的災難都不是意外或偶然的，就因為我們沒看見這些關聯性，或者是僥倖認為，這些關聯性會有出錯而斷鏈。我們表象的以戰逃機制反應模式，以為這些行為對自己是好的、是善的、是有利的，但事實上真的是如此嗎？這個山獅子絕種引發了三十年後的滅鎮土石流災難，不就是支持蝴蝶效應的鐵證嗎？覺察力的具備與鍛鍊，其重要性與價值已經是不辯自明了。

⊙意識覺察力的要領

那麼意識覺察力的要領要怎麼具備？在這裡提供一個大原則：

在遇到需要選擇或決定的事發生在自己身上時，先冷靜地在允許的時間內，一定要把這件事做為中心點，回溯如網狀般所有連鎖相關的因緣脈絡。這樣子會幫助自己意識，透過擴展洞見事情的廣面，掌握比較完整與接近真實的實相，如此一來，有利於自己做正確適合的選擇和決定。

接下來我用生活中會接觸與應用到工具來比擬，以視覺化輔助讀者，較易理解這大原則。

我們在智慧型手機、平板或者是電腦上所使用的Google Maps App，在啟用這系統時，它會透過網路與地球外的衛星所發射的訊號連線，將衛星在外太空俯瞰地球的角度畫面，以訊號回傳到你目前所使用的設備與裝置。經過訊號轉碼，組成人類肉眼能感知的影象，再由螢幕來呈現，使我們能夠突破超過我們現實肉體的五感官有限可觸及的地理距離範圍，並突破了時間的長度，同時捕捉與掌握更廣大的即時現況，例如道路路線、商店、加油站位置或交通路況，方便我們此刻做出最適合自己需求的選擇或更準確的決定。

能常使用這模式來看待發生在自己身上的遭遇，就是覺察力，這就叫有意識的覺察。讓意識觀察力、覺察力超越目前現實的三維時空約制，處於高於三維時空的維度視角去看時，自然看見事情的範圍和時間感，會把原先三維視角下的「過去、現在、未來」移動時間線長度，壓縮變成為同時進行一個整體範圍的點上，一覽無遺，我稱之為高維意識或高維覺察。

⊙為何無法創造豐盛、喜悅？

無法為自己創造出心靈與生活豐盛喜悅的病灶是什麼呢？

為了吸引更多人向自己學習心靈、占卜、命理、冥想正念、薩滿、神祕學、持咒、魔法、吸引力法則、正向心理、瑜伽等等（無法一一列舉的百家名稱派別，屬於精神層面的課程或方法），若目標只以獲得更多金錢與物質數量或長生不老，作為改變心念價值觀的動力，而不是先以獲得心靈自由的宇宙實相，作為改變心念價值觀的動力；那麼，無論這個課程、法門多麼正宗名門，或者教導者說得多麼言之有理，都只是貼著心靈覺醒、靈性成長、宗教信仰標籤，實質是潛能激勵式的成功學罷了。

的確，在走向獲得心靈自由的宇宙實相之路，並持續不退縮的過程中，因為心念的轉變，所散發的頻率，也會與唯物舊信念不同。透過量子糾纏與相對應頻率的人事物相互共振吸引，加上自己生活作息、與人互動言行上自然而然修正的輔助，加速地在自己生活裡真實顯現。這個運行邏輯本就是宇宙實相的自然法則，這在前面章節已經強調過，已經有許許多多的科學、醫學都證實了。

以意識心念為主的創造，物質的存在與發生各種變化現象，都是反映出我們心靈進行創造使用的元素類型。就像血壓計上的指數，是反映受測者體內的血壓狀態，血壓狀態是反映出，自己的意識內容產生何種面向的情緒起伏，而不是血壓計本身原有或該有的狀態。

擁有和獲取物質金錢的數量亦是如此，「豐盛」是指是否順暢與舒適的綜合，就像五穀豐收是指，所耕種的農作物由於風調雨順的輔助環境，讓農夫能在收成上，有一定比例可供自己足夠舒適生活的結果。

順暢與舒適的定義，是由每個人實質狀況來決定的，如：身材身高、體型腳型，選擇合適尺寸，使自己能夠舒適穿著、活動順暢。飲食、勞動等等都是同樣的法則。這就是豐盛的狀態了，並不是狹隘的以比較作為目標，只以物質本身的體積或數量大小，來定義豐盛的價值。

所以在三維真實世界的金錢收入、經濟、人際關係，甚至健康層面的增進改善、和諧與順暢，全是附隨這主因發生的。若是這「根」不存在，金錢收入、經濟、人際關係、健康層面等這些葉子與花朵也不會存在。沒有將這個因果關係弄清楚，僅訴求追求獲得更多金錢與物質的數量才叫心靈提高維度，那就像是：為了擁有這朵花，強行折斷它放在身邊，希望一直能夠永遠擁有它一樣，得到的反而永遠是失去。

另一種反向極端的觀念，就是完全唾棄、嫌惡金錢與物質的存在事實，對於擁有它們，有著批判性的想法與言行。例如：金錢、貴金屬、精緻用品、設計師操刀的服飾首飾配件、具工藝技術的鐘錶與建築和室內裝修……等，認為這些價值貴重的物質是會引起人的貪念、欲望，會污染一個人的靈魂和精神層次，並且為自己帶來災難與痛苦。

這裡就產生了許多自相矛盾的地方：

1. 若我們簡述這宇宙，包括「無形的精神世界」與「有形的物質世界」在內，全都是由神所創造的。那麼，神創造了會使精神世界的靈魂污染與誘惑的物質世界，理由是什麼？懲罰犯錯或不聽話的靈魂嗎？既然是無形的精神層次，哪裡會有具體的犯錯行為？在一個沒有時間空間存在的狀態，是無法定義出具體對錯是非的準則，那怎麼去執行規範？既然無法規範，也無法論定靈魂犯錯的具體事實，那創造出物質世界來作為懲罰靈魂的意義，豈不是多此一舉？神若是全知全能，又如何需要做了多此一舉的行為？

2. 若是為了考驗靈魂對神是否忠貞或有信心，才創造出物質世界來誘惑考驗靈魂，要成立這個論述的基礎是：神本身無法確信，靈魂們真正的想法意圖。那麼既然是全知全能了，怎麼會有令自己懷疑、擔心與恐懼的？怎麼還會有不能的？還需要透過考驗的結果才能確信事實嗎？

3. 若物質世界的存在，是以誘惑污染靈魂的邪念能量作為創造出來的本質，若這樣的世界真是由神花七天所創造的，那不就等於說，神當時自己先起了邪念，才能創生出物質宇宙？

以因果關係的時間順序來看，到底是先有神自身的懷疑、擔心與恐懼的邪念，還是先有無形精神世界靈魂的具體犯錯行為？

4. 倘若有人是否定宇宙神創論，是以「我們原是一、是一個整體的意識群，共同創造出物質宇宙」的論述為基礎，第3點的邏輯也是同樣成立的，只是把原先的「神」這個詞，以一個「整體的意識群」來代替。意識群創造出物質世界的用途，若是為了污染靈魂，那就證明了，是意識群本身先有了污染污穢的心念，而不是物質本身是污染污穢的存在。即便你改成另一種說法：「物質世界是意識群共同創造出來給靈魂體驗與學習用。」那麼，物質世界就是體驗與學習的工具，工具是中性的定義，沒有污不污染、污不污穢的反面或邪惡，或者是好壞對錯的二元對立性的成分。

從以上最常見的論述，都不斷把一個真相與真理，如金剛鑽般，使它更加堅實。這真相與真理就是——意識創造實相。金錢、貴金屬、精緻用品、設計師操刀的服飾首飾配件、具工藝技術的鐘錶與建築和室內裝修……等，認為這些有價值、貴重的物質，本身是中性的工具，只有個人的意識心念本身就是已具備污染、污穢自己的本質，才會指著這些物質是污染靈魂靈性的污穢之物，來掩飾自己的意識心念本質。

更令人瞠目結舌的還有：自己內心十分渴望與羨慕能夠擁有足夠豐盛的物質條件，卻又恐懼自己身處「認定物質是污染靈性的污穢之物」的團體，就掩飾內心，刻意去唾棄、嫌惡創造獲取金錢的能力與擁有舒適物質生活的權利，還自命清高、拾人牙慧的到處向別人勸戒，要放棄創造金錢的能力以及合理的金錢收入，要去奉獻自己所有的時間、體力、智慧、專業技能、才能、專業知識給所有人免費使用，才是靈性的崇高行為。完全剝奪走這個人能否順利在世上生存的應有權利，以及勒索掠奪走這個人此生體驗我的本來面目、創造學習自我價值的權利。

這樣令人目瞪口呆的荒謬事情，在非宗教信仰與靈性成長課程的環境裡不斷地發生。在日常的生活中有絕大多數的人，而且在華人社會裡最常見到的，那就是不敢為自己謀求休閒的時間，內心總是認為，休假或去度假是種懶惰、墮落的行為，人只有不斷辛勤努力的像「工蟻」或「工蜂」一樣，持續大量無止盡的工作，才是有價值的人生，對家庭、團體、社會整體才是有貢獻的，才是值得被他人效法的榜樣。

花盡自己的智力、體力、年齡最精華的時段，不是用來創造、學習、體驗人生，並探索自己活著的意義，卻狂砸在辛勤的工作，與為負家庭經濟重擔，花大筆金錢培養孩子，對投資自己上，卻吝嗇得可憐。這到底是自滿，還是自我放棄了？僅剩一絲絲的金錢還省吃儉用的賠上健康，目的只是為了自己人生的晚年能有保障。

這樣對自己苛刻的人生模式，光看就覺得很辛苦，別說是當事人了。難怪一大堆人常向他人抱怨，覺得自己的人生很苦。這些都是潛意識對金錢、物質有著異曲同工的信念，就是：「它們會污染人的品格」的鄙視批判心念下，順理成章所創造出來給自己的人生實境罷了。

⊙「成功」無法因複製而得

「複製成功者」、「複製成功模式」這些話，在工商業界一直很流行，理由是：這行為看起來是正確獲得成功的勝利方程式。但你若願意深入去了解的話，就發現，事實上卻是很荒誕的。

在人類接觸到陌生的事物或技能時，會先由模仿與複製的行為開始，這是減少「從未知為起點，跳過地毯式摸索」的時間，直接進入使用技能的階段；並不是要你永遠停留在「成為另外一個一模一樣的副本」階段，這樣你就失去了自己的思考力，從此僵化定型了。

而且即便你剛開始能模仿對方，也只是模仿到對方當時的狀態。別視而不見宇宙實相運行法則——無常法則，被模仿的對象會被你相中為模仿目標，是因為被模仿者本身是具備創造力的，既然他是有創造力的，怎麼可能永遠停留在你決定模仿他時的現狀？他會隨著無常的宇宙法則再變化的，例如：技巧更加精純與千變萬化，或者是再進入到另一個領域裡。你永遠都在追逐對方、成為對方的影子，並且時刻擔心對方又有什麼新點子、新靈感作為，已經超越了你可以理解與掌握的知識和祕訣。

你只有剛起步模仿複製時，能短暫的獲得暴利。禁不起時間的考驗，沒多久差距拉開，跟你一樣只想複製、模仿的人，也開始追上你的腳步；你只有模仿與複製，沒有自己的創造力，沒有差異化，競爭對手只有越來越多，你怎麼可能會因此獲得成功？

「複製」這一詞，它只能夠適用於固定樣板性的需要上，作為基本入門的用途。對於有意識層面的存在，這樣的訴求，其實會讓一個人越來越沒有創造力，甚至會越來越沒有生命力跟活力，甚至就會變成是一種死氣沉沉的生命內容，所以「演化」這兩個字比較適合。

我們從自己身上就能找到這樣的證據。

一個人的誕生，是從受精卵開始，進入子宮後開始不斷地細胞分裂，雖然每個細胞在進行著分裂的行為，但也是複製的模式。不過當細胞複製、分裂到一個階段時，你會發現，細胞與細胞間不再只是複製成一模一樣。DNA是一樣的基礎，不過有的開始發育成紅血球、白血球等形狀大小種類不同的細胞，開始組成像是心臟、血管、血液、骨骼、毛髮、肌肉、神經元、皮膚、脂肪、身體各部位等等，形成一個肉體，這就是「演化」（創造行為）。

這些外型、功能都不相同的細胞組織，它們彼此之間卻有著共同點——DNA。由這裡就可以得到一個實相：成功的結果是透過創造行為來完成，不是停留在複製模仿的層次就會達到。

所以「複製成功者」、「複製成功模式」這個名稱本身就是有問題的，那代表你不想花腦筋，然後你是一個死板板、冷冰冰，沒有自己的想法思惟的存在個體，只要按部就班，完全依樣畫葫蘆的按照別人所傳遞給你的模式去運行，就可以不費吹灰之力，達到自己想要的結果。這好像機器人一樣，只要照本宣科的執行設定好的程式，沒有思考與情感的元素。

⊙「成功」是來自與成功者有共識

過去被稱為所謂的成功大師或生命教練的人，都鼓吹這個成功公式：你要成功，必須和成功者在一起，並且與他交朋友，你才能複製成功者的想法，幫助自己成功。

現在依照前面我們解析的內容，你就會發現，這句話是以似是而非的花言巧語迷惑你思惟的話術。

首先，跟成功者在一起，不一定會讓自己也獲得同樣的成功結果。若這真是絕對性的成功公式，那麼大企業或跨國企業的總裁、總經理，那些具有影響力領袖身旁的祕書，為他們開車的司機，或者是具有影響力的歌手、創作者、藝術家、明星運動員、名小說家、名服裝設計師、知名科學家等，頂尖優秀人士身邊的助理、家人、夥伴，這些幾乎天天會跟著生活與工作在一起的人，不就都當了他們的繼承人，或是都自行創業，達到了同樣的成就？

其次，就拿自己來說，你願意與之交往成為無所不談、甚至願意分享與傾聽彼此想法的好朋友，最基本的成立條件是什麼？是不是要有欣賞或吸引自己的地方，也許是對某些你感興趣的想法或見解，也許是對方有某種你感興趣的特質才華，你才願意與對方開始建立友誼關係是吧？

也就是說，你想與成功者成為朋友，就要先反求諸己，自己身上有什麼令自己感到肯定的部分，而這部分有沒有成為自己日常與人生的特色，你才有與成功者的意識狀態同頻的可能。沒有同頻，如何共振成為場域？這場域在現實人生，就以友誼等關係化現。

你如何做，才能讓自己進入演化的流動，而不是停留在複製的層級？光只是滿足或僅以模仿，複製別人的成功法則，是不可能讓自己成為一模一樣的成功者的。

比如某位歌手都只去模仿複製一位人氣歌王的所有唱法、聲音、唱歌與表演方式，表現出來的都跟人氣歌王一模一樣，就算是有歌迷或有演出的邀請，充其量你只不過是他的複製品，不是本尊，你的個體存在性，在眾人眼中完全被淡化忽略。縱使你在表演舞台上表現得再好，得到的歡呼聲與肯定，也不是歸屬於你自己。

那是那些邀請方無法擁有本尊的遺憾，透過投射在你身上，來滿足自己的虛榮心，你只是人氣歌王的影子與代替品，所以你停留在模仿複製別人的階段上，你只會是越迷失自己。因為你自己用迷失自己的代價，在為那位被你模仿複製的對象，錦上添花他原本已經證明的存在價值。為什麼？別異想天開的以為，用模仿複製的唯妙唯肖，就會等到有人欣賞你歌藝技巧的才華，藉此可以實現自己的夢想。

因為，大眾看到的只是一個，聲音、唱歌方式與已經成功的人氣歌王類似或幾乎一模一樣，卻看不到屬於你自己的聲音、唱歌方式。這市場已經有個這類型的頂尖歌王，不需要再有個替身。在看不見你的獨特性及與他人差異性的情況下，怎麼可能有真正的投資者願意投資你？你永遠就只能在無法真正支持、供應你走向生活豐盛的環境下，靠糊口度日，活在期待沒有希望的人生未來。

這在任何性質的行業、職場領域或求學階段，技能性的，運用知識的，靠藝術才華的，靠說話口才的，靠教學傳承知識的，科學研究的，醫療生技領域的，就算是在學習靈修或提升靈性技能的，全都離不開這基本核心法則：只要你是以模仿複製為目的，只是想要成為對方，甚至偏差到想要取代對方，而不是透過模仿複製的過程，讓自己在參與或體驗中，去掌握技能的精神和要領，並將它的運行規則，透過自己的聰明才智，整合成所領悟到的智慧，然後再將它演化、淬煉成為一個屬於「有自己特色、風格鮮明的技巧或方法」的話，那麼你即將踏入一段漫長痛苦、焦慮與被視而不見的人生。

從這次新冠疫情的全球大流行，就把「以複製作為目的」的幻相赤裸裸的展現出來了。新冠疫情的持續，確實重創了許多行業，許多人希望能夠重新找到生機或改變。不過若沒藉此反省覺察出真正的根源，還裝聾作啞地推卸給倒楣、運勢不好的命運上，或是故步自封不求進取，那就錯失能扭轉人生、發現自我價值的絕佳時機。

我們一起來思考一個問題：所有過去建立的商業 Know how 及 SOP，若是堅固及精確無誤，如同生產線自動化作業般發揮產能，有效的複製一個又一個產品的鐵律的話，那又怎麼會因一場新冠疫情的發生，就完全改寫了呢？

看別人從事這個買賣或銷售這產品有收穫大量利益，盲目跟風的照貓畫虎，沒有從中去了解與花時間去參與體驗，只想要投機取巧的像電腦文書處理一樣複製貼上，自己毫不需創造行為。尤其是竊取他人的智慧財產權，那都是以複製為目標，而非以演化去行動。表面上看起來，這種僅以複製為目的的行為看似很聰明，其實是唾棄了自己有無限可能的本質，侮辱了自己的價值，有眼無珠地把鑽石當成石頭丟棄，龐大的損失代價，終有一日會真實發生在現實人生裡。

每個人都有屬於自己的想法，無論是來自於對方認同你的想法，或是你認同對方的想法，在這基礎下，你只能和與你有共識的人相互吸引。所以獲得成功的結果或者成功模式，是來自與成功者有著「共識」，而不是因為「複製」獲得到的。

成功是要靠足夠的技巧累積疊加的，不是只靠技能就可以達到的。你只能模仿複製到別人的技能，無法模仿複製到別人經由投入大量時間、嘗試、思考、再學習、創造，所累積的經驗與智慧後練就的技巧，因此「技巧」與「技能」是兩個不同的層次。

⊙「成功」絕非大魚吃小魚的法則

在成為「物競天擇的信徒」下的價值觀，認為弱肉強食、以大吃小，是大自然賦予強者可以任意欺凌弱小者的權柄，這把職場或商場塑造成殘酷的修羅場，而不是互利共生的環境。大自然裡有許多強弱共生及大小共生的事實，這都是在反駁物競天擇理論的鐵證。

我們在「重新定義自己的三觀」的章節裡，舉過許多互利共生的例子。如有種體長約十公分、叫作清潔魚的小魚，常常會在比自己大上數十倍以上的魚嘴裡，幫牠清潔牙齒的細菌。大魚非但不會吃掉牠，還會保護清潔魚不受其他魚類的威脅，因為彼此都知道，這是互利的模式，導致共生的結果，而不是短視的以大吃小。

假設你的人生中淪落到只靠力量、權威、地位、數量等外在有形的這一切，才能夠迫使別人去敬畏屈服自己，那代表你表面上來看，像是強大、自信無所不能，可是隱藏在自己內心的真相上，人格是低微的，沒有價值感的，自卑的，不自信的，恐懼害怕的。你才需要不斷在五感官可觸及到的現實世界裡，虛張聲勢地做些令別人心生恐懼的作為，來讓人屈服，卻不是對你臣服。

「臣服」是一種發自內心的尊敬佩服，而自願信任順從的態度。自己若想要獲得他人的臣服，必須往自己的內在去經營內涵，提升自己對宇宙實相運行法則的智慧，否則一切光靠無法永久存在的有形物質，來當成自己力量或強大的來源，更會更加深內心的不安和恐懼。

所以，你環觀人類自古以來直到現今，依賴外力來證明自己強大的人，他朝思暮想著能夠緊緊控制住別人的工具與方法，因為他看不到自己的價值在哪裡，只能看到，假如失去了這些外在的種種條件，自己將是一文不名、什麼都不是的人。

越是這樣的意識焦點，越窄化自己的意識範圍，就更看不到自己真正擁有的價值與存在的意義，惡性循環地使自己產生強迫性幻覺，緊抓著這些外在的條件，來裝飾自己的價值，填補內心的恐懼，導致把外在的這些條件視為是「我」，開啟了可悲的人生。

打個比方說，在日常生活中，我們會看過一些有這種行為的人：一遇到無法給自己特權的服務人員時，就一副盛氣凌人的嘴臉對著他說，你難道不知道我是誰我是什麼身分嗎？或者是，你不知道我爸爸（媽媽）是誰嗎？

這樣的情境正在凸顯著什麼呢？潛意識裡的事實信念是：自我迷失找不到自我。凸顯著：對極力掩飾自己，感到是個一無是處、羞恥的失敗者。是只能靠著金錢數量、地位、學歷等等有形的外在條件，去屈服對方，讓對方可以尊敬、看重與服從他。

可是他忽略了一個事實：金錢數量、地位、學歷，代表不了自己的內在本質是何種類型的人。父母身上擁有的金錢數量、地位、學歷、權勢，是屬於父母本身努力獲得的，也不代表著你能共享他們的才華與能力。

就算是受你耀武揚威的語言而屈服的人，他們屈服的要不是跟你一樣，只看重外在的金錢數量、地位、學歷、權勢的價值觀，或只是因為尊重你父母的努力，也許是畏懼你父母的權勢地位。以上結果有哪一個部分，是以看到你自己的創造價值而尊敬你的？你已經先瞧不起自己了，身邊怎麼可能會出現真實尊重你的人願意肯定你？縱使會圍繞及尊敬你的人，全都是虛情假意，或是你身上有著令他可以別有所圖的外在之物，絕非是你這個人本身，這就是「招小人」的意識能量場的真相。

⊙有了金錢、身分，不代表豐盛

在這裡我們可以先暫停一下閱讀本書，先讓自己閉眼深思一下：在已經知道招引小人的原理真相時，要改變自己有小人纏身的情況，真的光靠擁有某特定的物質或形式上的行為，就能改變嗎？到底要靠做些什麼行為，才會真正的有效？

請認清物質本身存在的真相。像各種技能類或學習階段的證照，它僅是人類為了能在真實世界裡，證明你現在所使用的技能，是彼此一致認同的代表物件，而不是這證照就是你這個人真正完整的模樣。

身分證件亦是如此，是代表著這個肉體在真實世界存在的物件，它能代表著你的想法好壞、心裡有無愛、良知邪惡、友善敵對、溫暖冷酷、自私無私等等精神層次嗎？那麼，一個完整的你，僅是靠有形外在的一切條件就可以成立嗎？一個沒與你相處過的人，只是知道或能叫出你的名字，你就會認為他真正認識你嗎？

所以有很多人以為，他只要具備了某一種身分的資格，例如心靈老師、公司執行長、團體領導等證照或職務，就自以為已經得到了成功境界。他主觀的成功境界含義不是指，有個完成行動的階段性，而是以為到達終點，然後可以守株待兔的等著金錢、名利自動送上門來。這就是非常一廂情願的覺得，只要我開了一家店，什麼也不必做，客人就會自動蜂擁而上、高朋滿座，從此財源滾滾而來。這樣的想法，會不會令人對他如此無知，而感到滑稽發笑？

那麼，社會上或學校裡開設的行銷學課程，就是畫蛇添足，或是另一種偏執的想法。以為他已經是物競天擇下具有高等存在的資格，可以毫無忌憚掠奪競爭失敗者的權利與物質，及羞辱踐踏失敗者的尊嚴，來滿足自己的優越感。這樣的想法與行徑，會令人真心感到尊敬，還是不屑一顧？

這就是因為，很多人自己沒有足夠清明的意識與信念，看清楚真正的生命實相，一味地只是努力去追求，要得到以為可以幫自己一帆風順的那個身分與證照，卻在得到了之後，才發現自己得到什麼樣的真相？

在實際的生活狀況裡，你只是取得了朝向那個領域再精進及再學習的入場券，並不是你已經擁有了一切，這時才感到失落與後悔。但若能在這情況下醒悟轉念，開始以謙虛臣服的心去學習及精進，那麼是有機會扭轉乾坤的，這就叫做拉高意識維度。不過若執迷不悟的沒有去面對到這個實相，就會在自己的人生裡面不斷地輪迴，從輪迴中不停品嚐產生的得失心，把自己逼進瘋狂的心靈狀態，甚至扭曲了自己的心智模式。

金錢、證照、身分等等，它們只是通關密碼，是幫助自己走進下個創造豐盛的過客，絕不是豐盛的實體本身。

阻礙獲得豐盛的工作與事業發展的原因，百分之百都跟失落、內疚、自責、羞愧有關，形成自我價值低落、自卑與自我否定和自我批判。要改變與轉念前，需要先找出潛意識裡這些隱藏的信念，才有轉念的效果。

⊙解構阻礙豐盛的自我對話引導法

1. 先依照〈釐清我是誰？我存在的意義？〉篇章 P.160 裡的「自我對話引導要點」的三項要求進行。
2. 向自己發問的問題順序：
   a. 我是害怕「失去」這個感覺？還是「真實、不可抹滅的危險事實」？
   b. 我從以前到現在，失去的是些什麼？
   c. 相對獲得到或留住了什麼（兩者可以回答其一或都回答）？

（b 與 c 這兩提問為一組，採一問一答的交互方式來進行。若是擔心內容太多會忘記，建議可以加上大約發生的時間，做為戳記排列，可以採書寫或電腦文書打字方式記錄，直到內心已無浮現任何有關的事件為止。）

例如：

問自己：我從以前到現在，失去的是些什麼？

答自己：我在九歲時因為家裡搬家，失去了一個感情很好的同學。

問自己：相對獲得到或留住了什麼？

答自己：後來結交到一位也是感情很好的新同學。

或者你可能的答案是：我留住了珍貴的友誼與回憶，使我感到，自己是值得擔任別人的好朋友的。

3. 從2.的所有問題與答案實施對照法：

d. 哪些才是我心裡不會後悔所要的？（請將回答自己的答案，如實地一一列出）

e. 做什麼決定才是適合我的生命之流？（請將回答自己的答案，如實地一一列出）

4. 看見實相：

f. 我的職業就代表真實的我嗎？

g. 我的收入金額就代表真實的我嗎？

h. 我的成就就代表真實的我嗎？

i. 我的頭銜就代表真實的我嗎？

5. 當自己一遇到關於職場事業上的障礙、痛苦或困擾時，就可以做這組練習。每次整組練習，記錄下來的答案與上次來做比對，回顧自己的心靈、想法、情緒，有何相同與有何不同？然後將內心的感受與領悟記錄下來。

教育篇章

教育，這詞我簡化通俗維基百科上的解釋：教育，廣義上泛指一切傳播和學習人類文明成果，即各種生活知識、技能和社會經驗，包含家教、待人處事、禮儀等文明與社會的教育，以促進個體與群體社會的和諧活動。狹義上指學科技能教育，即制度化教育。簡單來說，完整的教育定義是：對一個人的內外都能兼修的傳承行為。

但是在物競天擇與唯物至上的價值觀下，只要擁有的量夠多，環觀分數成績、證書證照、學科、技能、獎狀獎牌等等，都是一致的標準，大多就是會被自動歸類在人生勝利組裡，獲得人生永不失敗的免死金牌。所以除「學業高分數」之外，無關緊要的知識、技能、經驗，全都是「多餘的」、「毫無價值的」，不該浪費人生時間和精力在上面，例如：道德、藝術、服裝設計、造型設計、畫圖、電競、體育、舞蹈、社會服務與公益、人生意義、音樂、表演、攝影、寫作……等，這些屬於內在與精神層次的方面，都是被認為無法擁有夠多金錢收入的項目，除非你已經累積到足夠的財富數字，到達不需要再競爭的人生成就或階段了，你才有資格去享受或從事這些關於精神層次的活動。

⊙分數至上，結果喪失內在精神價值

小學到高中的未成年階段，父母就會叮嚀、甚至強制要求，在學校選擇和成績高分的同學來往，你的成績才會進步。每當有孩子的同學打電話來或來家裡找孩子，要不是對待孩子的同學像警察審問嫌疑犯一樣，詢問父母自己想要的資料，或是事後以威權方式逼問自己的孩子。就算孩子因為恐懼你的指責，硬逼自己跟班上成績高分的同學往來，也未必真的如你所願的結果。在上一個章節提到的成功學話術：你要成功就要跟成功者交朋友，提到的邏輯是一樣的。

請記住：成績是指能夠理解到學習範圍裡的比例，獲得高分需要的是領悟力（體驗與經驗），不是死記死背的努力就可以做到。

父母認為，什麼樣狀態的孩子，才是好孩子與聽話的乖孩子呢？能獲得高分數成績？還是具有同情心、愛心、善良、為人著想、勇敢、溫暖、能辨是非、具禮貌與道德感、獨立思考不被有不良企圖的利益誘惑、給人們是安全和善，而不是殘暴懼怕……等。

別忘了，現代的社會與人類的自主進步，甚至已經到了高科技的時代。歹徒及做壞事，已經不是像過去的時代，沒讀書、沒知識、孔武有力的人才會做壞事啊！他們都被高科技資訊時代淘汰了。現在無論是金融詐騙、販毒、駭客、甚至是暴力組織等等，做出傷天害理的事情，哪一個不都是書讀得特別多、功課又好的人當顧問或首腦？

所以當父母教育孩子還停留在上個世紀的價值觀，而且只注重外在成績，唾棄內在價值，你覺得喪失了這些內在精神價值的人，他會以什麼價值觀與想法為出發點，用自己高分數學到的所有知識，在社會上生活呢？

這樣只重外在的虛榮主義，也像形態形成場的蝴蝶效應般，影響到學校的教育者。從小學到高中學校的老師，也開始提升自己的存在或教學能力的價值，將期待加諸在學生身上，讓學生承受這壓力，卻不是基於老師對於教育的熱誠與愛，例如：高分的學生人數、多少人考上頂尖學校等等。

更令人瞠目結舌的是，竟然在學校附近的圍牆樹立斗大的看板，把這些高分成績學生的姓名公布在上面。連補習班也來湊熱鬧以樣學樣，把高分成績的學生當成區別自己比他人厲害的戰利品，把學生當成是為了達到獲取更多利益的展示商品，同校、同班、同補習的其他學生，他們的人格、尊嚴價值呢？被當成責難或是取笑輕視的目標嗎？那些被公布的好成績學生呢？他們會因此受其他同學喜歡和願意相處，還是自覺彼此不是同類人而相互遠離？還有之後呢？成績若有天突然不好了，自己該怎麼面對父母師長及同學們？或是乾脆用冷漠或歧視分數差的同學來保護自己？學校存在的意義，到底是在進行造神行為、鼓吹階級主義為目的，還是以辦學教育為目的呢？

前面提到一個很重要的事實：學生的成績會好，雖然教者本身的學識與教學技巧是重要因素之一，但另一方面同時是聽者的領悟力也夠，才能夠產生如此的結果，單僅靠一方，這結果都有可能不會發生。

若只是偏向單一方，對於成績不理想的學生，就認為是學生本身優劣的問題，這樣的邏輯就是完整無誤嗎？是否也可以說，是教者本身的學識與教學技巧不好，讓學生無法理解，造成成績不好呢？若是學生本身悟性條件強，對於老師教學的內容，自己都有能力藉此觸類旁通，而獲得好成績，你能夠只偏向是這位教者很厲害的原因嗎？像當年的悉達多在向兩位老師學習禪定時，就很快地觸類旁通到超越教他者的境界了，甚至青出於藍而勝於藍。

所以，尋找名師的目的，是希望藉由名師的豐富學識經驗與技巧，壓縮求教者大海撈針般摸索領悟的時間，但不是絕對性獲得高分成績的結果，求教者自身的悟性條件也相當重要，而悟性這條件是無法強求得來的。

在這樣的實相裡，我們還會只偏重在以孩子與學生的成績，來決定他的個人價值與人生價值嗎？

當父母或學校老師都未察覺這個實相時，會以「除了讀書功課外其餘不重要」的言行，越俎代庖地剝奪子女在這年齡該學會與體驗經歷生活的機會，似乎要等到成功後或有豐厚的物質生活後，再去花時間「認識自己」。結果塑形出一位「除了利益、高成績，卻活在不知如何生活、與人相處的平行世界」的人。

這樣教育子女的父母對教育的價值觀，帶來的是什麼呢？家暴、霸凌、自殺、憂鬱症、叛逆、吸毒、飆車、自閉、社交障礙、親子代溝、反社會行為……種種家庭與社會問題層出不窮。那麼，為何不在一開始孩子的成長過程，就協助孩子認識自己？

若要成功種植一株植物，讓它能夠順利成長與生存，你會一廂情願地按照模擬兩可的印象，隨意施予營養的肥料與水量？還是你會先了解植物的科別，吸取適合它生長發育條件的相關知識後，再依照指導給予呢？我們也聽過有人養寵物，用自己自以為是的方式餵養牠，日積月累後，造成寵物有過胖、高血壓、甚至得癌的情況。

父母本身對於人生的安排與認知，都只適用於屬於你自己的人生世界，不見得屬於適合孩子他將來面臨的時空環境世界。

⊙教育不是威權，是傳承

教育，是教導跟培育，以權威強加在受教育者身上使其屈服的言行，叫做命令或改造，不是教育。教育是一種傳承的過程，什麼叫「傳承」呢？把原先自己生命中體悟的知識、智慧或技巧，教導給下個求教者才稱為「傳承」。

現在的家長或學校的教育者，往往容易陷入權威者身分的迷思，而遺忘了傳承者的身分。這是由於上下的階級觀念影響產生的錯覺。自古以來，教育者會受到尊重，是因為他付出了他的經歷、時間、生命所累積出來的一種綜合的智慧，並且在智慧當中把它無私分享出來。是因為這樣的行為和態度，讓受教者感動，而自然從言行表現體恤與尊敬的言行，不是屈服於權威者。

假使有位教育者陷入權威者迷思的陷阱時，就自認擁有比求教者更高階的身分，言行態度開始驕慢，這給予求教者的是傷害及誤人子弟，而不是傳承。前面說過了，這種「害怕別人不知道我是誰」的心理，是自卑與不自信的。

當一個人的內在與智慧被啟發時，他就能夠做好自我管理。家長跟老師其實不需要刻意的去管教他，只跟他說明清楚大原則，讓他明白同意，孩子是有能力可以完成的。

當家長、老師會不自覺採取管教的言行，是潛意識裡已經預設立場，認為孩子是沒有能力做好自我管理的，必須要由權威的力量干預他，才能夠使孩子遵守規矩。當以懷疑跟不信任對待孩子時，孩子同樣回饋給家長與老師，對父母與老師的態度也是不信任的觀點；隱藏在潛意識裡更嚴重的事情是，孩子對自己價值的貶低與否定。

佛陀在開悟的那刻，驚奇的說：眾生皆有佛性，只因被無明遮蔽住。這說法同樣也適用在教育的關係上。當然這並不代表孩子就不需要受到指導，而是透過規範，讓他從親身體驗中，慢慢去了解分寸間的關係。畢竟孩子對於很多陌生、沒有體驗過的事物，是沒有概念的，他需要透過摸索、經歷、感受、覺察這些過程，自己才能夠慢慢綜合出對一件事情的經驗與看法，為了壓縮他摸索的時間，才會給予規則。

但規則不是變成教訓或為了懲罰而設的法條。在這裡提醒，以懲罰為主設定出來的規則，會讓孩子在心裡先放棄了摸索、探索實相的意願，轉變成只是害怕自己受到懲罰、保護自己為基礎的遵守。如果變成這樣的話，孩子在成長的過程，就會變成非常僵化跟呆板的思考模式，限制住自己本身價值的探索跟對人生的觀點。

當你曾經或目前遇到了沒有善待你的教育者，也許是父母、學校老師或長輩，例如有「惡意的語言或肢體行為傷害你」的經驗，請記得，這並不代表你在世上的存在是錯誤的，那是因為這位教育者被本身的成長遭遇影響，迷失了教育者的角色本分和實相。他因為自卑，遺忘了自己只是在世俗上被賦予教育者的角色，並不代表他是高高在上的權威者。

雖然你受到了傷害，但不要覺得氣餒，不要覺得失望，不要覺得你是因為弱小才會受傷，那並不代表你在世界上的重要性被侵占，也不代表你在世界上的存在價值被消滅，更不代表你創造人生的資格和權利喪失，這全都是因為他自己身陷恐懼、自卑的信念價值觀中，為了自保，才虛張聲勢，把這樣的言行投射在你身上。

在宇宙集體潛意識的眼中，你本身就是完美、有價值的化身，是具有創造力與獲得豐盛的存有，並不會因為他們惡意對待你的言行，就有權利改變了你原有的完美價值、創造力與獲得豐盛的本質。就像空中的太陽，不會因為飄來一朵烏雲暫時遮蔽了它的光，就把太陽發光的本質與本體給消滅，那只是視角受限在三維空間當中暫時性的假象。

千萬不要氣餒，也不要憤世嫉俗，與懼怕「教育者」這個角色，更不要因為這樣子失去了希望。只要你能夠認清這個實相，你就能自行解開捆綁住你的痛苦魔咒，重獲自由。如此一來，往後對於自己的孩子或是學生，在教育上，你會給予的是觀察、陪伴、教導、培育、啟發，而不再像對待無智慧的物品或生物，用管理教訓來作為教育的方式。

⊙解構自己教育觀念迷思的自我對話引導法

1. 先依照〈釐清我是誰？我存在的意義？〉篇章 P.160 裡的「自我對話引導要點」的三項要求進行。
2. 向自己發問的問題順序：
   a. 我愛這個孩子嗎？
   b. 我愛的是孩子本身這個人？還是他的成績分數和獎狀？
   c. 若孩子的成績不如理想，他還是我的孩子嗎？還是「成績」才是我的孩子？
   d. 我希望孩子只是我的複製人，還是希望他是個獨特的個體？

e. 我的教育與要求，是命令他成為我的附屬品，還是幫助他認識自己的特色與價值？

f. 我的父母有實現了自己的人生夢想嗎？

g. 我的父母有要求過我完成父母做不到的人生夢想嗎？

h. 我教育孩子的觀念作法，和童年時父母教育我的觀念作法，相同的有哪些？

i. 我教育孩子的觀念作法，和童年時父母教育我的觀念作法，不同的有哪些？

（h與i這兩提問為一組，採一問一答的交互方式來進行。若是擔心內容太多會忘記，可以採書寫或電腦文書打字方式記錄，直到內心已無浮現任何內容為止）

j. 在上述兩類的答案中，我還看到自己的教育方式和觀念是源自於誰？

k. 我發現這答案後，想要怎麼做才能改善？

一遇到關於教育上的障礙、痛苦或困擾時，就可以做這組練習。每次整組練習記錄下來的答案與上次來做比對，回顧自己的心靈、想法、情緒有何相同與有何不同？然後將內心的感受與領悟記錄下來。

健康篇章

健康，對大多數的人來說，是既親密卻又陌生的，甚至把「健康」當成只是一組名詞，而非真實的狀態，原因來自太習以為常了，導致無法有真實感。通常都進入受傷、生病等，經由身體組織與神經傳導功能令我們體驗到痛苦時，才意識到，健康是真實性的狀態，不是口惠而實不至。

既然我們都知道健康的重要性，但是曾想過健康存在的目的是什麼呢？我們為什麼需要健康？只是想要擁有一個正常功能的身體嗎？活久一點達到長生不老？還是需要一副健康的身體，來幫助我們體驗人生「認識我是誰」與「生命存在的本質」呢？

因為工作屬性的關係，我曾接觸過不少人，從八歲到八十歲、男女老少、亞洲與歐美、各種職業專業或高層基層工作的人，例如：高中小學教師、大學教授、醫生護理人員、軍警公務人員、藝術家導演演藝人員、律師設計師、高科技工程師、銷售員、公職人員、各類技師、企業與金融高級主管、大中小企業主、自由業與創作者等等。其中有的是來自向我學習【量子轉念引導技術系列課程】的學員，有的是來自【一對一專業量子轉念引導】的來訪個案，有的是來自我的公開講座活動的與會者，或請我到機關機構教育訓練的負責人，在我和他們互動及交流當中，我多少都會了解他們關於健康方面的觀點。

⊙健康的重要性

例如：你覺得健康對你而言的重要性是什麼？

我發現，雖然每個人都有屬於自己主觀的觀點，不同年齡段關注的重點也會有差異，但還是會有一定比例的雷同，而且相同年齡段的觀點也比較相似。我就簡單提出較常聽到的觀點。

三十歲前的年輕人通常認為，健康可以讓自己做更多事，而這些事就是工作與吃喝玩樂。但矛盾的是，覺得自己身體的復原力很強，即便生病了也僅是曇花一現的痛苦，所以飲食作息的生活習慣，卻幾乎不太注重與節制。

五十歲前逐漸在青壯年時期，覺得是要達成人生成就的重要階段，對於健康的定義與標準，就是身體狀況只要支持讓自己能不斷鏈的交際、應酬、會議、出差等，持續努力奮鬥下，順利運作就足夠了，飲食作息的生活習慣，和三十歲前的想法差異不大。

五十至六十歲的中年時期，開始會注意健康狀況，營養品、保健品、運動、飲食等等，在生活作息中會落實與節制，以及關注養生的觀念和方法，對疾病的發生開始感到擔憂。

六十歲過後，逐漸進入老年時期，對疾病發生的憂心更加明顯，包括體力、身體機能等等，恐懼自己逐漸失去對自己身體的控制力，包括面臨死亡的到來，希望能夠長壽。

到這裡，讀者有發現到一個被表象隱藏起來的核心嗎？就是：健康這件事，只是作為完成名利與延遲面對死亡的用途，跟「了解認識我是誰、活著的意義是什麼」的真相無關。

我詢問過許多人：你養生與注重健康的理由與目的是什麼？大多數人的回答是：當然想要長壽、活久一點啊！我就又問：那你長壽跟活久一點的目的與理由是什麼？讀者你又會怎麼回答這個問題呢？

通常有這兩類型答案：一是可以享受人生啊！可以看到孫子長大成人、結婚生子啊！二是……頓時啞口無言，反應不過來。

回看前面不同年齡段的人生內容，無論你對於「享受人生」的定義內容是什麼，請靜下來反問自己：我們用盡人生四分之三的時間，在跟享受人生無關的事上，卻只用四分之一的時間，而且是在體力、身體機能日漸衰弱的階段，才要開始享受人生，那代表著，自己真正活著的時間是多久？把身體精力充沛的時間段投入在跟「完整人生」占比很低的事情上，卻用著身體如同一部年久失修的老車般的時間段，要去真正駛進「完整人生」的道路上，這會不會是十分奇異的作法？

啞口無言的人，代表自己從未有勇氣與誠實的去思考人生存在的意義，才會將「人終將一死」的事實，拿長壽、養生、活久一點作為顏料，粉飾內心對這事實的恐懼。所以當一問你，塗抹這些顏料的動機與目的是什麼時，這偽裝品就被移除，恐懼與真相同時赤裸裸地暴露出來。

提到健康，不免就會與疾病連結在一起。在遭受到身體病痛的威脅與打擊時，治癒身體、恢復健康就是病者本身最關心的焦點。

有許多人對於自然療法輔助身體的效能有著相當偏執的誤解，例如：花精、能量、精油、飲食療法……等，往往把它當成藥物的性質來理解，這是很有風險的觀念。藥物的目的在治療性，不是提供身體營養；飲食療法是因為食材取自天然，目的是提供身體細胞，因原先不足的元素造成功能失調的情況，使它能逐漸回復原先的效能。在效能回復正常水準後，因失衡造成我們所定義的疾病，就自然康復了。

⊙花精、精油如何達到療癒的效果？

那麼花精、精油的味道與能量，又是怎麼達到療癒的效果呢？

身體的每個器官、組織、神經元、細胞等等，都是由物質的型態呈現的，但在量子力學理論系統裡來看，它們全都是由基本粒子組成。每個基本粒子其實是由不同的振動弦，以訊息場方式來建構它的種類形態，進而維持住各種不同的器官、組織、神經元、細胞等等的構造與形狀。每種器官、組織、神經元、細胞等等，都有各自專屬的訊息場編碼頻率，然後隨時跟我們自身的意識心念交換訊息，也受我們意識心念的影響與指示。

「情緒反應」在身體的用途，便是像電腦輸入指令的執行功能一樣，一旦我們自己以偏執的意識心念，產生負面情緒的與器官、組織、神經元、細胞等等進行交流，那就等於是下達了一個命令，去干預它們原有的專屬訊息場編碼頻率，讓器官、組織、神經元、細胞等等產生質變。

若是長期持續性的負面心念情緒，或太強烈的負面心念情緒，就代表著偏執意識心念的決心夠強，不但足以壓制器官、組織、神經元、細胞們原有訊息場編碼程式語言的運作，當細胞們同意接受了這些改變原先物質結構的負面訊息場編碼後，就開始自行裂解原有的結構與形狀，疾病就誕生了。

各種類的花精味道，與身體裡同類型頻率相對應的器官、組織、神經元、細胞，已經被人類透過長期的觀察分門別類定義下來了。就像農曆，是根據長期觀察自然萬物消長生滅與氣候的互動關聯，以「節氣」的名詞來作為週期變化的標籤。與身體各種器官同頻率被定義的每種花精味道，只是透過我們的嗅覺或觸覺，作為量子糾纏模式的介面，自動對應到相共振的器官、組織、神經元、細胞與之共振，喚醒已失衡細胞自己原先專屬形態的訊息場編碼，幫助重置回復原廠設定，因此當事人會感到，身體有緩解或恢復健康的情況。

不過，我們不可能分分秒秒依賴花精味道作為取代呼吸空氣，或長期不間斷地以塗抹覆蓋在皮膚上的行為來過生活，這像是非得長期被鞭策才能行動一樣。

根源還是在我們自己的心念。真正積極的行為是「轉念」行為，才是與原廠設定自然同頻共振運行的解方。藥物治療或花精等等行為，都只是應急性的干預措施，幫我們暫時緩解因疾病產生的痛苦，讓我們能不被疼痛分心，爭取更多削弱專注往內心探索實相的時間。

很多人在追尋健康中，沒有先使自己清楚明白，健康對人生的真正功能以及目的，所以常常會矯枉過正、盲目去看待自己的健康這件事。不要忘了，「健康」在物質宇宙存在的功能，是因為要讓人類在精神層面上不需要為了疾病的痛苦多費心思，讓我們能夠把意識聚焦在有限人生想要體驗的創造行為上，所以健康這件事才顯得如此重要。對於非物質的無形精神世界來說，健康是毫無意義的，它只在三維立體的物質世界才有存在的必要。

現在很多人在談養生的目的，似乎只停留在「讓自己壽期比較長一點、少受點皮肉苦」，汲汲營營在「擔心受怕哪些食物會對自己健康造成影響」的小格局裡，卻不是往更大生命格局去了解，健康對我們的人生意義到底是什麼？

簡單來說，就是沒有「有意識」去進行飲食作息的選擇，卻是「無意識」盲目的去做刻板形式化的養生行為。

我們甘願耗費人生很多時間在身體上的養生，卻吝嗇到漠視心靈與意識上的健康。既然認同了「意識創造實相」是真理，所有的一切萬物現象皆由意識所創，物質身體的源頭是意識，為何我們不針對「因」去努力，卻針對「果」投入時間呢？

許多進行人體自癒力研究的學者專家發現，自癒力跟心靈意識（基本元素）產生情緒（能量顯化）造成健康或疾病（形成結果），有著因果循環的關聯。我發現這公式就是：基本元素↓能量顯化↓形成結果，連鎖反應會組成一種能量程式碼，也就是前面說的訊息場編碼；這訊息場編碼在接觸到另一組訊息場編碼時，雙方會自動篩選「是否為同頻」的訊息場編碼，同頻率的會合作、相容、共振，不同頻率的自然會相互阻隔、相斥、不共振。

覺醒意識下的訊息場，會是具有合作、相容、共振的特性，能夠增強與加速能量運動的力量和效應。自我療癒的祕密就是在這樣的條件基礎下，使自己全身形成能量網場，使自我保護的免疫系統效能發揮到極致。

DNA絕不是一連串的巧合與幸運，才演變成現在的我們，所以我們的生命存在不是隨機巧合的，而是有意義的。

隨著年齡的增長，我們對於肉體逐漸衰弱的現象感到恐懼，甚至以狹窄、錯誤與自我批判的觀點看待「年老」這件事。請注意以下這個實相：從入胎經歷出生、發育、成年直到走向死亡，我們的意識、想法，從受限朝向越來越多的無限狀態；肉體卻由行動受限、經歷可以自主與活力充沛的精華過程，然後再走向行動受限的階段。

你可以發現，肉體雖然會逐漸退化與行動不便，但意識是不受時間減損的。最近有許多真實事件發生，天天運動、體型壯碩的人，而且年齡不到四十歲，卻突然因一個心肌梗塞就猝死了。所以老化不等於老年，你會發現，世上有很多重視心靈層次並且以此為生活信念系統的人，外表與肌膚看起來比真實年齡還要年輕很多，並非他們常常透過醫美達到的，而是心靈、意識與對人生的價值觀下，使身體細胞有活力、減緩衰弱的時間造成的。

⊙災難的降臨，是終結舊有信念、重獲新生的契機

截至二〇二〇年底為止，新冠肺炎疫情依然嚴峻。我們看到人們在災難來臨之下，都在進行著自己的選擇：究竟是走近善，還是走近惡？是走近愛，還是走近恐懼……

有的人在疫情中選擇守望相助，自主隔離；有的人在疫情中選擇投身救援，捐款捐物；有的人選擇排斥疫區居民；也有人在網路上發表酸言酸語，散播恐懼情緒及製造假新聞……許多地區還傳出歧視亞裔的言論或行為。

人類在今天開始面臨一場重大的人生選擇，這項「選擇」不是只在善、惡二元對立的層次中選邊站，而是還要超越「善」、「惡」的兩端，去體會「慈悲心」的境界，這就是拉高意識維度。

這「慈悲心」不僅僅是對待我們周遭的人，更重要的是對待自己的心念：你正在以什麼樣的意識來對待你自己，以及周遭與你有關的一切人事物？

在疫情來臨的時候，有的人很幸運的繼續過著原先的日常生活，有的人可能因受到病毒感染而暫時被管理隔離，有的人在此時正盡職的維護著社會秩序，有的人在醫護第一線救助病患，有的人因為感染新冠病毒而正在與病魔抗爭……

無論你目前身處在何種境地，是健康還是患病，是有能力幫助別人還是正被救治中，你依舊

需要作出正確的選擇：如何擺正自己的意識狀態，帶領自己的心與人生，朝向正確的方向，給予自己與他人，安定與溫暖的力量，這才是我們要去探索的。也就是：災難之下如何保有你的意識平安？

「意識」是大腦反應的語言，「五感官的觸感」是身體的語言，「情緒與感受」是潛意識的語言。這三者之間的交互，都會作用在我們的行為之中，讓我們朝向何種方向生活……

「意識」不斷在心裡反覆地暗示，讓自己「相信」，那個自己想像臆測出來的狀態，經過「時間」這個元素的加持，最後就會在現實人生裡創造出真實。研究關於這領域的科學家們把它稱為「心理預演」。

許多科學研究都證明了這個事實。例如：要一群彈過鋼琴的受試者，在內心進行簡單的五指練習法，每天練習二小時，每週五天，為期十二週。最後發現，小指力氣成長了百分之三十五。

還有研究者找來一群年紀在二十至三十五歲之間的志願者，接受「想像的二頭肌鍛鍊」，一星期五次。幾星期後，參與者的肌肉面積和肌力都增加了百分之十三點五。

許多專家學者都發現，「情緒」與「健康」其實關係非常密切，身心靈是相互共振的「同步性」與「合一性」。

不過，當我們的意識，選擇以內心深層的「恐懼」作為心理預演的素材時，就帶領自己朝向這個事實去延伸，直到成為真實的結果。

我個人就曾有真實體證過這個事實……

⊙乳癌四個月消失康復的祕密

在二〇〇九年六月，我太太雨曇曾被確診為惡性乳癌晚期。當時在同病房有位年輕女病患是初期乳癌，也正在接受化療中，她的治癒存活率理應比雨曇來得高很多才對，卻在隔不到二星期後，突然惡化過世了。但雨曇卻在確診接受化療的四個月後，化療療程並沒有完成規定的次數下，癌細胞卻奇蹟似的完全消失並完全康復。

原本的實際狀況是，雨曇的乳癌腫瘤過大，而無法按照標準的程序——先手術切除後，再以化療進行治療的流程——所以要嘗試先以化療迫使腫瘤縮小後，再進行乳房切除手術，以及後續一連串的治療流程。

這癌細胞完全消失的結果，連原先要乳房全切的計畫都取消了，乳房完整的保留下來了，連主治醫師都深感不可思議，回診時不斷向我們倆夫妻詢問，我們到底做了什麼？或是有採取其他另類治療嗎？因為光憑著化療的藥物，不可能將這麼大又嚴重的癌腫瘤完全消滅。當然，我們倆夫妻一方面彼此心有靈犀的相視而笑，一方面也將答案告訴了主治醫師。

同一所醫院，同一位醫師治療、同病房、同樣的醫護人員在照護，到底是差別了什麼？

唯一不同的差別，也是最關鍵的差別，就只有意識狀態與核心信念內容。

我和雨雲目睹同病房的這位女患者，在進行化療的住院期間，伴侶對於她因化療產生非自願的身體副作用反應，沒有感同她身受的情況（例如：味覺改變與嘔吐的食慾不振，身體突然產生無法言喻的痛苦），反而不斷以看似鼓勵、實則指責的情緒語言對待她，例如：

「妳這樣怎麼會好得起來？都不吃東西。」

「我還要工作才能夠負擔得起妳的醫療費與家庭開銷，妳這也不吃那也不吃，怎麼會好？」

「妳要努力一點啊！妳要趕快好起來，大家才會有輕鬆的好日子過……」

我和雨雲都看見，她的目光裡充滿著罪咎自責，臉上掛著無奈的表情。任何一個在場的旁觀者都可以感受到，她內心深處的自責與絕望。那麼，當她的意識裡堅信自己是家人獲得幸福快樂的累贅時，這強烈的核心信念會帶領自己創造出什麼真實情況？帶領自己走向什麼樣的人生境地呢？

至於我跟雨雲在意識狀態與核心信念內容的層面上，除了要完全信任自己的主治醫師，絕對有治癒病患的決心與專業外，我們在相互支持信任的基礎下，時常會採取轉念引導的技巧，針對潛意識進行轉念工作。雨雲勇敢的持續面對過往自己內在的偏執印記信念，逐漸地看清與看懂自己生命的存在價值和真相，建立全新的自我價值信念，以接納肯定自己創造豐盛為主的新人生。

同時在這過程當中，我自己也因此獲益良多，開始一步步探索自己潛意識裡舊有的偏執信念，並負責任地去改變和修正它，彼此接納目前的現況，以理解、體諒對方的方式，取代焦慮、責難對方的心念和情緒。

我和雨曇在這經歷中，都同時性的從自己本身做了這兩項共同點，分別是：對外（對所有身旁正在幫助我們的人）以及對內（對自己）的內外信任。這雙向信任的意識，就是改變自己人生處境的關鍵。就像是陰陽一體造就了太極的狀態，一陰一陽之謂道，道生一，一生二，二生三，三生萬物，道即是太極，太極即是道。太極就是人類慈悲心的高維度意識，轉變自己人生的幻象，回歸宇宙運行實相的新人生，奇蹟便是在這樣的基礎下，錦上添花的附屬，不是被動的坐享其成，盼望外在神靈神蹟力量的降臨。

所以，任何失去健康的患者與其家屬間，彼此的心靈狀態與意識核心信念，會透過同頻共振，形成訊息場，決定了一個共同的生命實相。你從自己的情緒與感受上，就能明確知道，自己正以哪種事實的核心信念，作為創造身邊真實環境的條件了。

你當下的意識信念所決定的情緒，等同於你透過意識，下達命令給自己的全體細胞與免疫系統，要它們遵從你的意識情緒，來表現自己目前該「是」的狀態。所以生病或受傷害，都在表現你意識與情緒的內容——你所堅信的是什麼？這正是成為我後來在創作【量子轉念引導技術】的靈感來源之一。

國際知名的細胞生物學家布魯斯．立普頓（Bruce Lipton, Ph.D）曾指出：「我領悟到我們生命的質地並非決定於基因，而是決定於『我們對驅動生命的環境信號』所作的反應。」

科學家甘德絲．柏特（Candace Pert）也曾發現情緒與身心的關聯：恰當的運用意識，可以為病痛的身體帶來健康；而不恰當、不自覺的情緒操控，也可以輕易地讓健康的身體生病。

此時此刻，我們所面臨的處境是否緊急或危險，可以有下列兩種選擇：

1.正視自己內心深處受害者的情緒與意識，修正它，拿回自己的力量。選擇了這個選項，通常健康恢復的速度會加快，甚至會比醫學研究恢復健康的平均值時間還要提早，也就是我們口中所謂的奇蹟。

2.堅定覺得自己是有理由、有資格、有立場具備委屈條件的受害者，因為都是外在現實霸凌了我，才會讓我得到這種處境。選擇了這個選項，就等於是讓自己的意識以憤世嫉俗、恐懼的情緒，傳訊給身上的細胞與免疫系統，抑制它們的效能，拉長恢復健康的時間，簽立了合約，並成為生命的共同聲明。

現在的你，想要創造哪一種選項的實相給自己？

每一次的災難降臨，是提供自己終結舊有的偏差慣性信念，重獲新生的契機，而不是為了消滅我們而發生的。

⊙不健康信念的解構與重新訓練法

別讓恐懼的惡，帶走你身上原有的良善與慈悲心。

你現在要做的第一階段，要先覺察到，自己潛意識裡有哪種錯誤的核心信念，先讓它們現身，才能知道障礙自己的是什麼？

第二階段，就是重新訓練你的意識，來影響大腦慣性思惟的迴路。我會提供入門版的意識轉念方法，讓你能輕易上手練習。

請留意，二階段與階段裡的順序，請勿顛倒或跳過，才不會啟動自己潛意識裡自動化的戰逃機制，干擾而阻礙轉念。

第一階段，解構自己不健康信念的自我對話引導法

1. 先依照〈釐清我是誰？我存在的意義？〉篇章 P.160 裡的「自我對話引導要點」的三項要求進行。
2. 向自己發問的問題順序：
   a. 我相信健康的人生觀就會有健康的人生嗎？

b. 我尊重身體嗎？
c. 我是占有身體？還是彼此共享？
d. 我相信自己持續性的情緒，無論是正面或負面，都會左右免疫系統的力量嗎？
e. 此刻病痛的類別，對照我的情緒，我發現了什麼信念內容？
f. 病痛的痛苦在提醒我，該停止什麼偏執或過度的行為？
g. 經由前面的反思，我衷心想要的生活內容是什麼？
h. 我願意從此刻開始，以哪些信念與行為作為生活的準則？

第二階段，入門版的意識轉念法

誠心致意的透過專注於以下字句，作為心理預演的實相內容。

我知道目前的遭遇是協助我改變舊有偏執的人生觀。
我知道目前的遭遇是協助我改變舊有偏執的價值觀。
我知道目前的遭遇是協助我改變舊有偏執的世界觀。
我感謝目前我已經擁有的協助。

我感謝目前我已經擁有的關懷。
我感謝目前我已經擁有的祝福。
我感謝我身上的細胞愛我。
我感謝我身上的免疫系統愛我。
我真誠的祝禱所有人都已經得到應有的協助。
我真誠的祝禱所有人都已經得到應有的關懷。
我真誠的祝禱所有人都已經得到應有的祝福。
我（自己的姓名）在此衷心的祝禱，無限的愛與感謝，回歸靈性的平安。

作業提示：當自己一遇到身體上的病痛或戒除藥癮中有反彈時，就可以做這組練習。每次整組練習記錄下來的答案與上次來做比對，回顧自己的心靈、想法、情緒，有何相同與有何不同？然後將內心的感受與領悟記錄下來。

勇氣篇章

「勇氣」會直接決定自己有沒有創造力。創造力從來就不是行為，而是想法，想法是源自於信念。所有的創意與創造力，都是遵從於潛意識的指引，而恐懼就是將創意與創造力五花大綁的鎖鏈，結果會令我們擁抱恐懼，喪失勇氣。

那麼，要消除恐懼，讓自己的創意與創造力重見天日，就必須先對「恐懼」真正的本質進行了解，才知道如何面對它。

⊙恐懼是自己想像出來的

恐懼心，並不是當下出現完整的具體真實存在所造成的，而是來自於對自我價值、自我存在的意義，感到懷疑、猶豫、不信任、自卑下的意識信念，先為自己在潛意識裡創造出愧疚感與罪惡後，再反饋給自己心靈的感受。

簡單來說，危險是現象，恐懼是自己的想像，不是完整的事實面貌，接續的邏輯思惟就是：

誤以為自己要「贏」、「不想輸」，才能消除內心的恐懼，而不是實現實際的「心靈需要」。

「心靈需要」的定義並非以占有某物來填補匱乏之心，在這裡指的是：生命本質與創造力都屬於無形的非物質精神層面，為了確認自己的本質、創造力是否跟自己所想所思的一樣，所以需要以有形的物質為輔助工具。

如完美、愛、永恆、一體、慈悲、光明等，在無形、無距離、無時間、無物的世界裡，沒有分別與對比的現象，是無法明確的。三維世界裡有形體大小、距離、高低、立體空間等條件，我們就可以透過它們作為自我確認的輔助工具。一維與二維因為沒有立體空間的條件，不是首選，所以無形的需要在有形的三維物質世界裡實現。

有著心靈需要，才能驅動意識焦點，搜尋適合的輔助工具，它是完成理想的磚瓦。好比你家裡的牆壁上需要有個可以掛衣服的物品，因為要自己組裝它，自然就會去尋找如鐵鎚、釘子與適合的掛架等工具與零件，進行裝訂及組合，然後就會完成真實的結果。

「心靈需要」是不會形成執著，但是若以填補匱乏之心、去占有某物的需求，就會造成執著，貪婪就是在這樣的基礎形成的；接著得失心就會像貪婪的伴侶一樣形影不離，這時一脈相傳的同族「恐懼感」就成了隨從般緊隨在身旁。

什麼樣的人最有勇氣呢？「不要臉」的人最有勇氣。這個「不要臉」並非指無恥，或意味著你必須捨棄掉尊嚴跟自貶身價，而是捨棄掉「別人心中以物競天擇、唯物價值觀，來評價自己的價值」的決定。

能這麼做時，就能無懼。這並非假裝危險不存在，而是不以受害者自居，及透過三維立體時空實證出來的無懼之心，自己會因此更加確信自己的價值，勇氣會因此自然呈現在他人眼前。所以當你能認清楚自己真正的價值，而能夠隨順在人生中去發揮，這就是勇氣的展現。

⊙自我接納，才會產生勇氣

我們都知道，勇氣是一種力量。這力量是怎麼產生的呢？當你遇到了考驗，而你願意去超越那個考驗，解決那個問題，面對這個問題的時候，那一份力量跟展現的那份能量，它就是勇氣。

但是，要怎麼分辨「魯莽蠻幹的匹夫之勇」與「真實的勇氣」兩者的不同呢？

「自我接納」是核心指標。無論當下的自己所身處的現象是屬於順遂或挫折、成功或失敗，都是否能夠接納自己？

獲得順遂與成功，若是心生驕傲我慢，對比遭受挫折與失敗下，心生自卑恐懼，兩者除了有形的結果不同外，心靈的核心信念是完全一樣的。順遂與成功的人沒有比挫折與失敗的人高級或優秀，因為都是以在乎別人眼中對自己的評價為主，而不是把焦點對焦在自己本身到底真實的本質是什麼？所以就會失去了勇氣。

那失去勇氣的人會產生什麼後果呢？開始擁抱自卑與懦弱，讓自己不敢行動及猶豫不決，而把時間都耗費在原地踏步上——理由是害怕犯錯。為什麼害怕犯錯呢？因為犯錯等於失敗，代表自己能力不足、條件不夠，或者是比別人差勁糟糕。在物競天擇的鐵律下的思惟，這些都是指證歷歷，證實自己是個沒有存在價值的人，都代表被歸類在社會底層圈，結果會被無情地丟棄、被排擠，接著開始害怕自己從此被消滅，被侵略，生存的價值被奪取，完全沒有辦法再繼續生存下去，所以恐懼的心境產生了。

一個人在恐懼的心境下，就只會逼迫自己，把心念焦點分秒不間斷地集中在「不要失敗」、「不可以失敗」上。但在意識創造現實實相的法則下，把心念焦點集中在如何不要失敗與不可以失敗上，被放大加強能量的是失敗，而不是成功。

任何未知，都代表自己是無法確定的，恐懼失敗下所思考出來的每個看似合理的方法，這些行動的本質上，都是逃避的作法，都不會讓你真正的往成功之路前進，只是會讓你一直處在看似前進的幻象，實際上卻不斷地原地踏步。當你喪失了真正前進的行動，你要怎麼確知自己在行為的經歷，以及接下來的發展中會發生些什麼？

別忘了，一件事被完成，所具備的因緣條件都不可能只有單一性的存在，必須要具備至少兩個以上的因緣條件，才能夠產生交互作用。

當你停留在原地踏步的時候，就等於阻止了其他的因緣條件與自己相遇並產生交互作用的機會；沒有交互作用就無法產生現象，無法產生現象，你又如何能得知具體現實？沒有具體現實供你參考，那又如何採取調整、修正的行為？

失敗並不是完整真實的結局，它的功用只是來通知我們：目前經由原先想法所選擇採用的工具，行動後所產生的狀態。這是為了確認與自己所想像的狀態是否符合？若產生了誤差，那是再自然不過了。

有所選擇，就有勇氣

對於陌生與未經驗過的事物，要一步就到位，機率是十分微小的。假如在有形的三維立體時空世界裡，每次都是一步到位，那麼不就跟無形精神層次的世界一模一樣嗎？還能體驗到「自己是誰」與「創造力」嗎？所以，三維立體時空世界就像是有著豐富的材料與工具的創作場一樣，你該關注的不是發生誤差的差距，而是你「有所選擇」的權利。

當你赫然發覺自己是具備著「有所選擇」的資格時，你內心會有著非常清晰的意識，確信「做選擇」才是自己此時最真實的實相。你「做選擇」下所產生的動作、行為跟情緒，在別人眼中看來，就是具有勇氣的人。

勇氣的存在，本就不需要透過外力去激勵自己才能夠具備，如果你還需要外力去激勵自己，才能夠產生勇氣，那代表自己正處於自我迷失、無明與貧乏，不斷地像是一個到處乞討、忍受他人嫌棄、期待對方願意施捨給自己的乞丐一樣，需要別人不斷地灌輸你能量，你才有力量形成勇氣。這就像是一個氣球，要不斷地吹氣，它才有力量膨脹；一旦沒有外力了，那它就軟弱無力，無法成就球體的形狀。

接納自我並不是：否定自己的缺點或者是想盡辦法掩蓋它，而是承認自己真正的本質狀態是什麼？能夠有意識地認清自己擅長的以及自己不擅長的，並不是掉入優點與缺點的名相幻影裡。

物競天擇的核心基礎論點，就是最終會演化出一個「終極完美全能的物種」，在這基礎下的邏輯，就變成弱肉強食、勝者王敗者寇、優勝劣敗的人生觀，這是幻象，而非宇宙運行的實相。「優勝」與「劣敗」是人類在物競天擇的幻覺下創造出來的名詞，在三維立體的物質宇宙裡，絕對沒有一項物質，是能夠完整具備所有一切功能性，變成全能。

我們身體內的器官，例如心臟它的外型、體積、功能，就是適合在身體裡的那個位子，雖然是人體相當重要與關鍵的器官，但它還是無法達到全能，無法自己製造血液、消化食物、排泄體內廢棄物、過濾毒素、萃取氧排出二氧化碳的呼吸功能。這一切都需要有個適合那功能的器官來完成，如脊髓、胃、膀胱與大腸、肝臟、肺等，若以優勝劣敗的價值觀來評價這些器官功能，那麼沒有一項是完美的，難道那些「缺點」都要改善？改善不了就要掩飾、壓抑、隱藏？

所以，要用認清實相的觀點去定義自己，而不是用優勝劣敗的核心信念，把自己打造成一個無敵的強者。在這物質宇宙裡的每項物質個體，就一定有規格、尺寸大小，有體積、重量的有形存在；會有這樣的設定，是需要分工進行，因此必然會有屬於它存在的位子。既然有它各自的位子，就不可能是全能的，卻代表著，每一個體的存在都是有意義及有價值的；全能的只有無形層次的意識，絕非在有形的物質層次上發生，只要是有形體的物質，就絕對不可能是全能的。

⊙自己真正關注的是什麼？

我設計一個簡易的測試來證明，人生真正的問題是來自於內心的痛苦，而不是在物質層面上的痛苦。請跟隨著下面的文字專心進行：

1. 請你回想發生在這個月內，會讓你想要抱怨、發牢騷、生氣的任一件事情，試著用文字寫下來，若是用智慧型手機錄音下來更好，讓自己在完全沒有任何藉口、理由、壓抑的限制下，將那件事，試著以自己真實的情緒，滔滔不絕說一遍，敘述你所想要表達的情緒，與為何有這情緒的理由。

2. 結束書寫或錄音的動作後，重新再完整的閱讀你自己所寫的文字內容，或回放錄音給自己完整聽完。務必先閱讀完或聽完自己所說的內容後，再繼續閱讀本書以下的內容。

書寫或錄音動作的意義在幫助我們什麼呢？幫助自己更清楚所寫所說的內容裡，真正關注的核心與在乎的是什麼？

這時請你仔細閱讀自己所寫下的文字，或錄下語音內容的那些語意中，自己真正關注的是金錢、物質、名利、面子、權利等有形的外在之物，還是無形的內心感受？

我們所表達出來的內容，在文字語詞上，如果看起來在乎的是有形的金錢、物質、名利、面子、權利，或者是跟擁有它們的數量有關，就可知真相全部指向了一個核心目標，那就是：「我是根據什麼基礎去想的？」答案是：「真心要離苦。」

離苦是每個人都有的需求，欲達到離苦這目標，跟自己是否賺錢順不順利，是否年紀大小，性別是什麼，具備的學歷高低，擁有的競爭條件多少……全都無直接的因果關係，而是跟「你以什麼觀點去看待自己以及看待這個世界」才有因果關聯。所有你對世界的觀點，都來自於你對自己觀點的投射而已，無論是「好的」或者是「壞的」。

⊙「無常」讓人生自由

量子物理學裡很著名的「薛丁格的貓」（Schrodinger's Cat），在這個想像實驗中，一隻貓被鎖在同時有一毒氣瓶的箱子裡，在粒子處於某A狀態下，毒氣瓶會破裂；但若該粒子處於B狀態下，毒氣瓶完好無誤。將箱子封閉起來後，此粒子的量子狀態是，毒氣既是從瓶中放出，也被封存在瓶裡，導致箱裡的貓既是活的，也是被毒死的。簡單說就是：當你正在觀察一量子物體時，也就干擾了其狀態，而造成其立即從「量子本質」轉變成「傳統物理現實」。

經典科學的邏輯是要「被觀測物」能精確測量的，所以對於量子物理會感到驚恐，代表著自己無法控制。因此，無法精確及被重複的事物，都被歸納於「不存在」，這樣的邏輯逐漸干涉了我們人類的價值觀、世界觀、人生觀。真相是，這人生、世界、宇宙在現實上，就是真實的發生了某些現象，卻無法被精確的證明出來，導致自己陷入了失控與未知的恐懼漩渦裡。

雖然看起來，「未知」帶來的不穩定令我們感到威脅，「已知」帶來安心，但是「已知」並非指「精確」。精確一詞表示著「毫無誤差」，是已經完成式、已經定型了，這是僵化了、不變化了，看似代表著自己可以掌握到了，其實這種偏差的認知卻造成我們的「顛倒夢想」[1]。

我們看到，連日出日落的時間都不會是精確無誤差的，這表示是「無序的」；但是我們也從不擔心，往後不再有日出或日落的發生，因為有個「大有序」。連「大有序」都無法是精確的，例如：地球繞太陽一周是三百六十五點二五天，而非整精準的三百六十五天，為了人為曆法計算方便，才需要每四年閏一次年，那一年的二月需要多二月二十九日這一天。所以到這裡，讀者看懂了嗎？是人類的意識創造一個曆法的需要，並非真正天體運行的事實。

以能「被精確的測量」作為宇宙裡證明真實存在的觀念，這本身的邏輯就是違背自然運行的無常法則；以這為基礎才會痛苦，導致自我設限、閉門造車，無法接納不同的結果，包括接納自我在內。

---

1 「顛倒夢想」這詞出自《心經》。

「精確」的真正實相是「規律」，而不是「數字」。「規律」，無法以刻板準確的「數字」去定義，它是一種「現象」、「狀態」，所以我們才會誤解自己身處在「未知」與「失序」的生命裡。

無常是「規律」的形式之一，並非代表著失序，而是代表著大有序裡的無序。其實「無序」就僅是無法以數字精確算出來的現象，不是「無規律」。在混沌理論「1.非線性的聚散結構，2.蝴蝶效應，3.奇特吸子，4.回饋機制」那段內容裡就已經解說過了。無常，反而是讓自己的意識與人生自由的恩典，不是打擊消滅人生令我們心生恐懼的災難。

請注意：只有在三維物質層次的世界裡，「精確被測量」這物理公式才能夠成立，對於無形、無限、無相，已不再需要物質，沒有距離、範圍的高維層次存在，精確的現象是不存在的。所以請你鬆開「以物質代表自己存在價值」的手，才能啟動與高維意識連結，以無懼的生活態度踏上自我創造的人生道路。

⊙解構恐懼的自我對話引導法

1. 先依照〈釐清我是誰？我存在的意義？〉篇章 P.160 裡的「自我對話引導要點」的三項要求進行。

2. 向自己發問的問題順序：

a. 我失去勇氣的理由是什麼？（一項以上的話，請一一列出）

b. 我正在抗拒的是什麼？（一項以上的話，請一一列出）

c. 每個抗拒的理由，是怕自己失去什麼呢？（一項以上的話，請一一列出）

d. 失去的那個感受，令我聯想到過去的哪個經驗？（一項以上的話，請一一列出）

e. 那個經驗是經歷了什麼事得到的結論？（一項以上的話，請每一項都要回顧一次實際經歷）

f. 那個經驗又讓我失去什麼？（一項以上的話，請回顧完每項經歷後逐一列出）

g. 我現在所抗拒的事情，有因這個抗拒行為，讓我得到什麼？（一項以上的話，請回顧完每項經歷後逐一列出）

h. 現在仔細對照兩者之間，我發現了什麼？（一項以上的話，請回顧完每項經歷後逐一列出）

i. 對照後的答案，啟發了我什麼？

五、面對過去，成為自己

未來是高維意識力量的時代

我們對於在人生裡的「時間」，有著許多誤解的觀點，例如：時間永遠只單向的往未來前進，未來總是充滿著未知與不確定性。這也是人類內心最深層的恐懼來源。

但是目前許多科學家都已經運用方程式證實了，時間並不僅是單向前進的狀態，過去、現在、未來其實是幻覺，它們甚至是並存的。

⊙未來是已知的？

佛家裡也有句話是這樣說的：「預知前世因，今生受者是；預知來世果，今生作者是。」大多數人一遇到跟時間有關的文字或現象，基本上大腦都會處在負載忙碌的狀態，導致無法思考這句話的涵義吧！這句話若用簡易的口語來說，意思是：你想知道自己目前的人生際遇，為什麼是這個模樣？那就去回想探索自己過去的觀念與言行，就可以找到原因了。假如要預知自己未知的未來會有什麼遭遇，那麼看看現在自己的想法與言行以及承受的結果，就可以推測出是一樣的情況。

時間只是物質變化下的連續性動作產生的錯覺，就像現在的攝影技術裡的濾鏡功能，當套上了某種色彩風格的濾鏡，便把原先實景的天色、物體的顏色與明亮度覆蓋上去，令我們產生「看見了一個不一樣事實」的錯覺。

我們可以發現，自己原先的那個想法、信念依舊存在，時間只是如濾鏡般讓你誤以為改變了，產生「未來=未知」的錯覺；事實上，自己的想法、信念還是沒有受到時間的改變，它還是已知的、確定的，所以自己的未來是已知的。量子物理學的測不準原理，只限於「無觀察者企圖觀察的意識干涉」下才成立。

事實是：我是自己的觀察者，我的人生同時是被我觀察之物。完整的說，我們自己正在以什麼性質的想法、信念在觀察自己？便會因觀察者效應，實現在自己的人生裡。

絕大多數人用不明白時間真相的藉口，創造出許多掩飾自己不敢面對自己想法、信念的真相。例如：活在當下，專注在當下，只要正面的看待未來，塑造樂觀的生活態度等等，看似正面又療癒的言論，事實上是自欺欺人的作法。

就像套上濾鏡一樣，真實的輪廓與模樣，自己心裡是最清楚的。只有有形的物質體才能被另一有形的物質體遮蓋住，無形的意識、想法、信念，是無法如法炮製的。像是「活在當下」這詞完整的面向是：自己已經面對了過去所有偏執信念，真實體證到真相後，內心能夠在日常生活裡不再牽絆執著那個想法時，意識念頭自然會以平安、寧靜、和諧的心境，與當下的生活節奏共處，不是利用「轉移注意力」來讓自己迴避過去的偏執信念。

請留意一個重點：在我們人生的體驗中，若發生了令自己感到自責、罪惡感、創傷的遭遇，引發那件事的想法、信念，以及那件事發生完時自己的論斷，都同時深植在潛意識裡，與痛苦的感受、情緒串連起來，作為日後人生避免危險、走向安全的印記信念，時間對它完全起不了一絲絲干擾介入的作用。

「自己的現在是由過去累積造成的」，在時間錯覺上，那個痛苦是「存在於過去」；但是以想法、信念的角度來看，它們全都「在此時此刻」上。所以想要使自己實在的活在當下，就必須決心面對那個「現在被同步共時性於過去」的痛苦，並勇敢的從中看穿以假亂真的信念幻象，找回自己價值真相的轉念作為。當完成這過程的那刻，意識便像量子穿隧效應（Quantum tunnelling effect）不受時間規則限制，遨遊於想要的任一維時空上，這就是量子轉念（Quantum Mind Transformation）的目的。

人生痛苦與苦難的遭遇，是來自「不完整的已知」造成的，量子轉念後，會讓自己達到「完整的已知」後，無懼平安地經營人生。

透過完整的已知來回顧自己的過去，就像是回顧歷史般，會讓自己看清原先舊信念的盲點及愚蠢的地方。這不是回想過去來批判自己，而是讓自己重獲身心靈自由的積極作為。

許多研究瀕死經驗（Near Death Experience, NDE）的學者們公開的資料中，都有提到，在靈魂意識離開肉體後，會經歷一生回顧的過程，這是個既慈悲、又可以自省的機會，讓自己用結果來回顧整個過程，達到心靈與意識層次更為具體完整的清楚「我是誰」。

在量子轉念引導技術（Quantum Mind Transformation Guidance Methods）裡，便有運用已知的意識穿梭在未來與過去，及回顧現在的轉念引導步驟，讓被引導者親身體驗到，人生的未來是已知不是未知，並達到，心靈與意識層次更為具體完整的清楚自己的本質是誰；且能區別出，自己會有因未知帶來的恐懼心，只不過是來自於自己智慧不足的眼界，所造成的錯覺罷了，恐懼並非真實的。

⊙「時空」是人類最大的幻相

在蘊含古老智慧的《妙法蓮華經》（簡稱《法華經》）裡，就道出了這個核心精神。畢竟《法華經》是佛陀親自說是「成佛寶典」，不可思議又殊勝。所謂「成佛」，並不是成為超凡入聖的神仙，就是指「完全了解宇宙生命實相，並能堅信、無懼，依此面對人生生活的人」，所以這部經正是在表達說明意識、宇宙生命實相的關聯和作用。

我個人聽過也閱讀過眾多講解此經的版本與書籍，焦點大都停留在：佛陀說此內容的目的，是鼓勵學習者都具有可以成佛的資格；或是佛陀的智慧有多麼與眾不同，及對眾生有多麼慈悲的七個譬喻故事。講解的精闢之處，確實是啟發了很多人迷惘的心靈。但若這部經典的內容僅是停留在這些層次，為何當時對生命實相已經有一定程度覺醒的菩薩[1]們，還要說《法華經》的內容是不可思議的？而且不分過去、現在、未來的時空，許多了悟生命實相的覺悟者，都在講解這部經？

佛陀一開始還對聽者大眾故弄玄虛的說：自己過往所告訴大家的法，還有自己前生曾向燃燈佛求教的雲童，努力累積的成佛因緣，都是假的？當時的雲童，那位教導雲童的燃燈佛，現今大家眼前與大家分享生命實相的釋迦佛，全都是我自己，我自己自無始以來已經成佛至今了。再加上，經文裡有許多不同時空的菩薩們紛紛出現，來證明佛陀告訴聽者大眾的敘述，甚至說：自己能夠醒悟生命實相，都是因為眼前的這位釋迦牟尼佛教導的等等。

關於這些像是時空旅行的部分，絲毫沒有解釋到隻字片語，讓這部《法華經》聽或讀起來，像是伊索寓言及科幻小說的感覺，卻都沒說出，佛陀分享這部經的真正理由與論述基礎是什麼？這是最可惜的地方。

我是以研究心靈、意識、人生意義與宇宙生命實相的角色，非以信徒或宗教傳教的身分來說明以下的觀點，別自行掉入宗教規範經典解釋的框架裡進行辯論。好比一個人喜歡一款服飾的顏色與剪裁而購買，另一位學習服裝設計專業的人，卻跟這個購買者辯論這件服飾的美感及時尚的

1 菩薩，梵語 bodhisattva，又稱菩提薩埵，指決心追求生命實相覺悟，並依此生活的人。

意義，這根本是毫無意義的行為。

佛陀要強調的核心重點就是：當一個人對「時空的真相」不了解時，就無法找到苦難的真正源頭。所有的我執都起源於對時空真相的幻覺，這就是十二因緣裡的起源——無明。無論任何覺醒或心靈療癒的方法，在被時空的假象制約的心靈與意識下，是不能夠起到解脫作用的。那如何能夠達到覺醒？經文裡所有七個故事的譬喻，各種像是科幻小說的內容，都在說這個需要突破的時空感，因為裡面提到的內容敘述到的過去、現在、未來，都跟「時間」有關，各佛土佛國世界都跟「意識訊息場的維度空間」有關。還有，裡面被授記成佛的人，都是用未來式的說法？而且都是連發生的具體時空背景都預告的已知未來，不是未發生的未知未來。

《法華經》所談論的就是時間與空間的真相，對心靈意識能否重獲自由自在、豐盛，有著密切的連動關係。「時空」是我們在意識裡最難破除的幻相，所以《法華經》才會被喻為是「成佛寶典」（對宇宙生命運行實相，達到了悟、無惑，憶起自己本質的指南）」。「時間」這個幻相如果沒有辦法打破，你就沒辦法同時打破「空間」的幻相。相對的，你若沒辦法打破「空間」的幻相，你同樣就無法穿越「時間」的幻相。

「時空」是人類最大的幻覺與幻相，讓你誤以為，你在宇宙中的存在，是基於一個「有物質實體模樣、形狀」下才存在，誕生了才叫做「生」才叫做「存在」，如果沒有了你這個物質體的存在，就意味著你已經被消滅，並在宇宙中永遠消失，以「死亡」這名詞代表這事實。

因為會有生有滅，於是你就從這基礎中，認定了宇宙生命運行的法則是：「有」才是自己能掌握的，「無」是無法被主宰的；自己從此已經脫離不了生死的輪迴，對自己的評價而言，是個既衰弱又無能的存在。這就是自我否定、原罪、罪業等心理原型的誕生，接著開啟了一連串以此為基礎的自我迷失又充滿苦難的人生觀，因為我們沒看到自己真實的「本體實相」。

⊙讓內心有真正的安全感

所以，穿越時空幻相，是在意識完全覺醒之路上，最後也最難穿越的一道關卡。

所有我們身邊的一切存在，都透過我們五感官的接觸感知，經由神經元，與大腦及潛意識裡印記資料相互傳遞，使我們像是電影《一級玩家》（Ready Player One）中，為了逃離現實人生，穿戴上 VR 與 AR 科技的一套裝備，進入到虛擬現實的遊戲裡，很難讓我們能夠真的看到，這一切景象與時空都是幻象。

突破時空幻覺，就能夠真正穿越生死輪迴幻象，我們就不會受限於「生」跟「滅」的二元性時空維度裡，自己會打從內心湧出安全感。這種安全感是來自於：自己了解自己是永恆不滅、不生不滅的存在，恐懼感自然就不被自己需要了，寧靜和諧也隨之出現。在這基礎點下的所見所聞，目前人世間經歷的好壞遭遇，自己的觀點、情緒、作為、決定，都會跟以往完全不同，這不僅會讓你的生活穩固安定，而且在創造力方面，更能得心應手。

從經文裡面描述，無量千萬億他方國土、寶塔、淨光莊嚴國等等名稱的內容，類似於我們現今口中說的宇宙星際文明，只是時空背景不同，採用的名詞不同，例如形容不同淨土的輪廓，就像是不同的星系的輪廓。不過我覺得是：敘述不同時空維度的狀態，比較貼近佛陀說的原意。

若讀者在理解物理的專業定義上感到艱澀難懂，我就以我們目前遇到新冠肺炎疫情的生活現況來比喻，較能使讀者容易理解我所說明的內容。

我以「同在一個地球上」來比喻這完整的宇宙。在地理上，我們各身處在不同的地區或國家，有著不同文化、語言、文字、信仰、文明、生活方式，卻因為新冠肺炎疫情流行的影響，使我們暫時無法在物理時空上直接彼此接觸往來，可是我們卻可以透過現在的科技，用網路視訊的方式，穿越時間長度以及空間距離，直接達到相互交流。

以目前的科技程度來說，網路視訊雖然不是用直接實體上接觸的方式來進行互動，還是可以滿足到我們視覺跟感官上一定程度的互動。身處在地球上目前這個時段，所遭遇到的這種狀況，讓我們體會到，心靈與意識間的交流才是真實的主體，肢體間的接觸互動只不過是錦上添花的輔助品，藉此打破我們長期以來被物質的三維時空限制的思惟框架。這不就跟以非實體的心靈意識與心靈意識之間，可以折疊時空的交流模式很相似嗎？這是體驗到，意識穿越時間、空間這一個幻相的絕佳時機。

以這樣的邏輯來理解《法華經》裡佛陀所述說的內容與目的，就容易了解了。雖然我在《量子轉念的效應》與《量子轉念的效應2》兩本書裡，均有寫到以【量子轉念引導技術】引導個案，從潛意識裡的回溯內容，輔助解說過意識與時空維度的連動關係和奧祕，在這裡，我再以量子力學裡加入「時間」元素後，多達十一維度時空的M理論為說明基礎，來理解《法華經》所要闡述的內容，不是以歐幾里德空間的理論為說明基礎。

⊙宇宙有十一維度時空，你的意識到幾維？

○～十維度共十一個維度，分別簡易解釋如下：

○維

一個假想的座標點，沒有大小與維度，沒有時間與空間的存在，無法向任何方向移動，時間空間的起始點。

一維

將兩個起始點連成一線，可以看成是無數個點的集合。在這條線上，只能進行前進與後退兩種方向，無法在線本身上進行向左及向右的方向。存在於此的一維意識，是完全無法感覺到，這條線是直線或是彎曲線。

二維

沒有高度及深度，只有長度和寬度。兩條一維的線彼此交叉，就能產生平面狀，或是將一維線的起點與終點端相連起來，就可以呈現具有長度與寬度的二維平面狀，平面形狀可以是圓形平面、方形平面或三角平面。但存在平面上的二維意識，必須從起點出發，經歷完線的長度到達終點後，才能判斷出這線本身是直線的或彎曲的。

讓這二維意識去看三維空間的一個球體，只能看見球體的平切面，也就是圓型平面，看不見立體的球。例如：讓二維意識去看一根吸管，就像三維的我們拿著吸管從管口端平視的看，只看到平面的圓形，無法看見吸管的長條立體的柱狀。例如：螞蟻的身體雖是三維體構造，但它的意識認知僅限二維平面，對於發生在自己身上的災難，無法知道原因是什麼，只能感受到災難發生了。

三維

在三維的我們，從角度上是可以看到二維平面的完整面貌。以三維來看二維意識的移動過程，它必須要經歷完線的長度到達終點，因此二維意識本身會感到十分漫長，但是在三維的我們眼裡來看，所花的時間並沒有二維意識想像的那麼漫長。

而且若三維只要將二維平面捲起來，讓原先處在平面兩側的起點與終點相接在一起，這兩點間的直線距離就可以瞬間消失了，等於從起點「瞬移」到終點，這就是折疊時間與空間的蟲洞現象。折疊或彎曲這平面，就可以成為球體、圓柱體或是具有長寬深的立方體，也就是我們現在身處的生活，以及五感官能辨識到的3D立體維度世界。

時間感是從四維開始直到十一維，所以四維到十一維都會加上時空的名詞。

四維時空

三維空間上加上一維時間軸線，就是三維立體空間的過去、現在、未來的時間線。例如：把三維空間十天前的你，與此時此刻的你，作為兩個點，用條線將兩點連接起來，這條線就是四維時間軸線，構成了四維時空。

若按照這個規則來看，我們可以感覺到「時間流逝」的狀態，按理來說，我們應該可以看到自己的過去與未來才對。

但如同在二維意識下看三維存在的情況一樣，人類是三維生物，我們五感官中能捕捉到最快速度的感官，只有眼睛的視覺，最快也只能看見光速下的物體，無法超過光速；不僅如此，眼睛的視覺最多僅能接收到3D的畫面，那更別說我們身體其他感官能捕捉到訊息的程度了。因為受限於感官體驗，我們只能看到四維的平切面（局部）時間點，無法以身體的五感官看見四維時空的全貌。

看到這宇宙法則，我們開始要提醒讀者：高維時空的存在，能看見低維時空存在完整的過去、現在、未來的全貌，但是低維時空的世界只是高維時空世界裡的一個平切面（局部），不是完整的全部。

怎麼會這樣呢？可用這樣的比喻來理解。

時間在四維時空裡是線性的，想像你把一條直線切成兩段時，因為現實視角的受限，從切面上看，就只能看見一個點的大小模樣——此時此刻，三維生物只能看見四維時空時間軸線上的一個「點」。同樣的，四維時空的意識存在，能夠看見三維世界的人類，從出生、就學、就業、結婚、生子、變老到死亡的一生所有經歷，但它只能像看舞台表演的觀眾一樣，無法介入去改變正在發生的一切。

我在前面章節裡有提到，瀕死經驗的人，在靈魂意識離體時，能夠像觀眾一樣同時回顧自己一生的過程，這就是進入到四維時空的狀態，才會有這種感知。

五維時空

在四維時空的時間軸線上任一點，疊加上一條時間軸線，可以展開不同的存在趨勢，就形成了五維時空。對三維的我們來說，這就是平行宇宙的現象。

四維生物只能看見單一時間軸線上的一生，五維生物是能看見四維生物原先時間軸線的一生，也能看見「再疊加上的那一條時間軸線的一生」。

你可以把五維時空想像成是簡報用的平面樹狀時間軸線圖般，發展出各種可能性的每個分支時間軸線上的一生，而且可以循著主時間軸線，回到任何一個任意時間點，選擇該點上已展開的一生。例如：你在高中時期，選擇放棄成為籃球選手的人生路徑，選擇了餐飲管理，成為到現在三十五歲還是個每天在餐廳辛勤工作的服務人員；現在你後悔了，你可以順著時間軸線回到轉折點的高中時期，重新選擇朝向籃球選手的人生路徑。

五維時空就是個可能性的時空維度，所有可能性的人生，都能一覽無遺及選擇。但是若要改變選擇，你只能從平面上的一個點出發，以線性移動的模式到達所想要的結果。也就是說，你想要真正體驗到自己人生每個分支上的結果，必須從時間軸線上每個可能性的時間分支起點，線性移動去經歷完每個分支的最終結果，這也許要好幾次或數千次的重新來過才能完成。

你可以藉由電影《復仇者聯盟：無限之戰》裡，奇異博士透過時間寶石，看到了數以千次與薩諾斯決戰的結局，最後才發現只有一個成功的結局。從那一幕劇情，來幫助自己理解存在於五維時空的意識狀態。

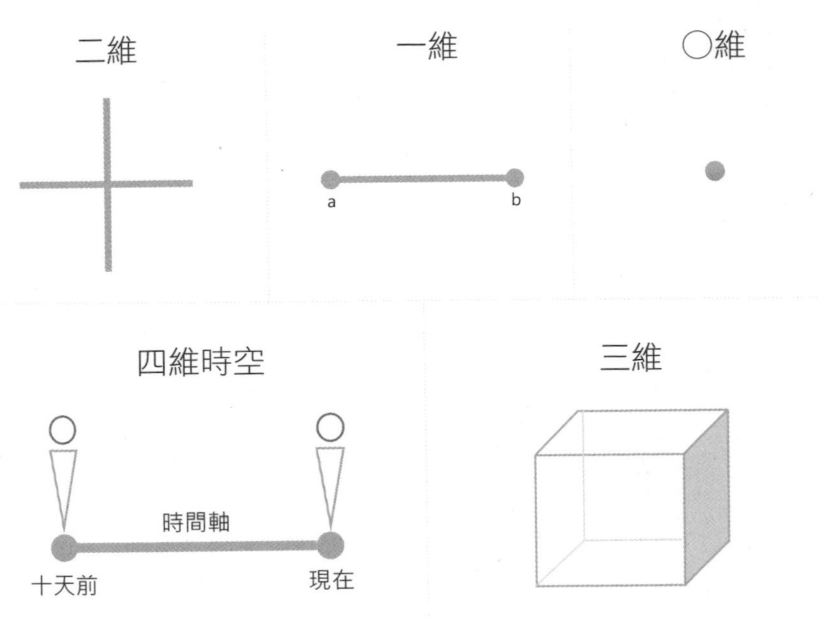
二維
一維
a
b
○維
四維時空
時間軸
十天前
現在
三維

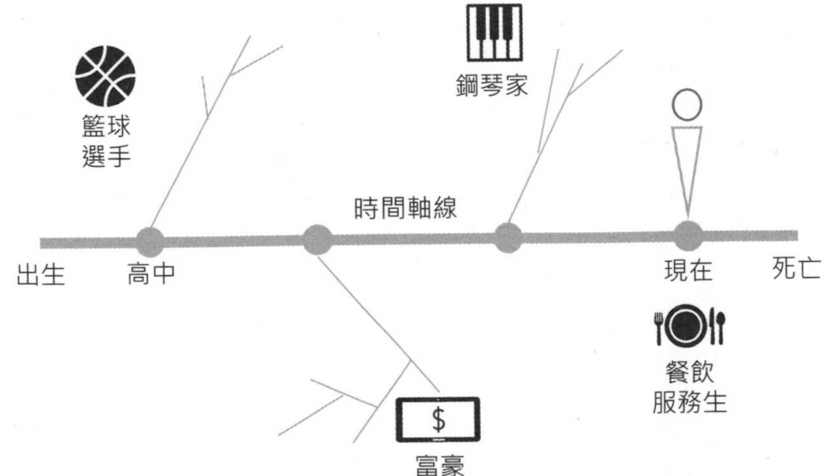
五維時空
鋼琴家
籃球
選手
時間軸線
出生
高中
現在
死亡
餐飲
服務生
富豪

六維時空

它可以把每個可能性分支的一生，想像成，把平面的樹狀時間軸線圖的五維時空同時捲起來，就像三維把二維平面捲起來，讓起點跟終點連結的邏輯一樣，可以隨意穿梭在任何一個可能性一生上的過去或未來，不必再受限「必須回到每個可能性分支時間點上重走一遍」的規則。也就是無視時間、空間的限制，可以隨意穿梭，選擇宇宙裡任何一種自己人生的過去、未來的生活版本，就像天上眾神一般的存在。但這只能在我們這個特定宇宙裡達到。

所謂我們這個特定的宇宙，指的是「相同的物理定律」為基礎，例如：光速每秒三十萬公里、重力常數、普朗克，長度都一樣。六維時空意識還無法完全超越宇宙的物理定律。

七維時空

把六維時空宇宙裡的起點，跟六維時空宇宙的終點，用一條時間軸線將兩點連接起來，這就是一條七維時空的時間軸線。這條時間軸線本身，就包含了所有無數物理定律完全一樣的宇宙同時並行，且能互通交流的平行宇宙時間軸線。

六維時空

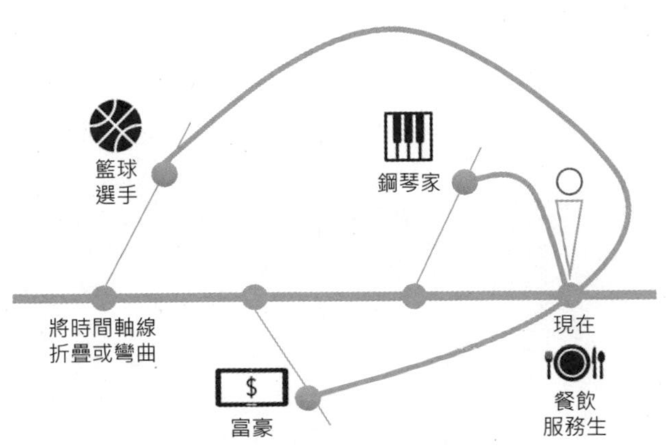

七維時空

∞ 平行宇宙時間軸線

a無限可能的
平行宇宙∞

b無限可能的
平行宇宙∞

八維時空

在七維平行宇宙時間軸線上的任一點，再疊加上一條時間軸線，就形成不同物理定律的其他各種宇宙，包含不同於七維時空的其他平行宇宙，科學家又稱為多重宇宙。例如有的宇宙是光速只有每秒十五萬公里，或是其他物種是那個地球上的最高等生物。

這維度裡的意識，可以同時看見不同物理定律的宇宙，及平行宇宙的存在和運行現象，並且還可以隨意選擇任何一個A宇宙的a點，線性移動到A宇宙的b點，也可以從A宇宙的a點，線性移動到B宇宙的a點或B宇宙的b點，以此類推其他C、D、E……宇宙，及各宇宙裡的a、b、c、d、e……任兩點。但還是需要回到七維時空的任一點上，重新以線性方式經歷過它，這模式跟五維時空的模式類似。

九維時空

把八維時空整個捲起來，就像把二維的平面捲起來，就獲得三維空間的模式一樣。此時的意識就可以「瞬移」八維時空裡的任何宇宙，包括任何不同平行宇宙彼此間的任意二點。時間對於九維時空的意識來說，已經毫無意義了，以人類認知的角度下，這等於就是全知與全能的層級了。

九維時空已經是「窮盡了一切的可能性」。若把所有多重宇宙的每個宇宙大爆炸開始作為一個起點，具備的所有可能性，然後將每個宇宙的終結都看成是一個終點，全體綜合成一個個體來

八維時空

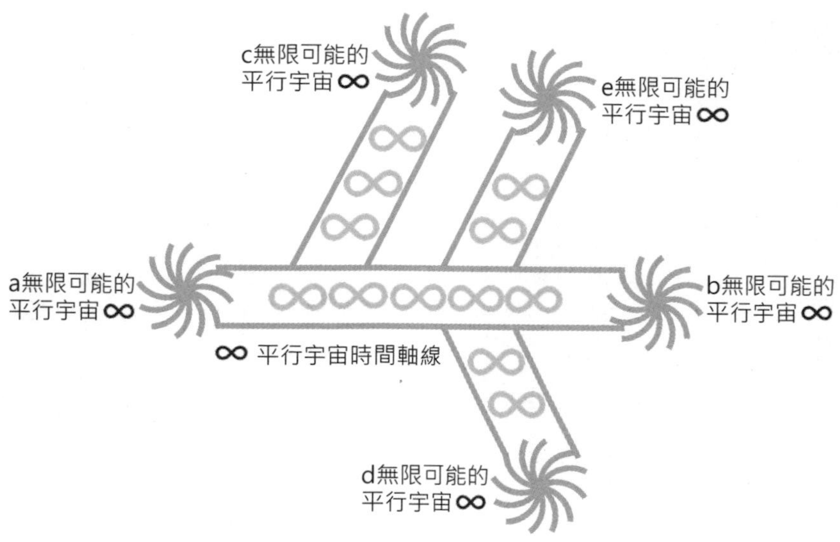
c無限可能的
平行宇宙∞
e無限可能的
平行宇宙∞
a無限可能的
平行宇宙∞
b無限可能的
平行宇宙∞
∞ 平行宇宙時間軸線
d無限可能的
平行宇宙∞

九維時空

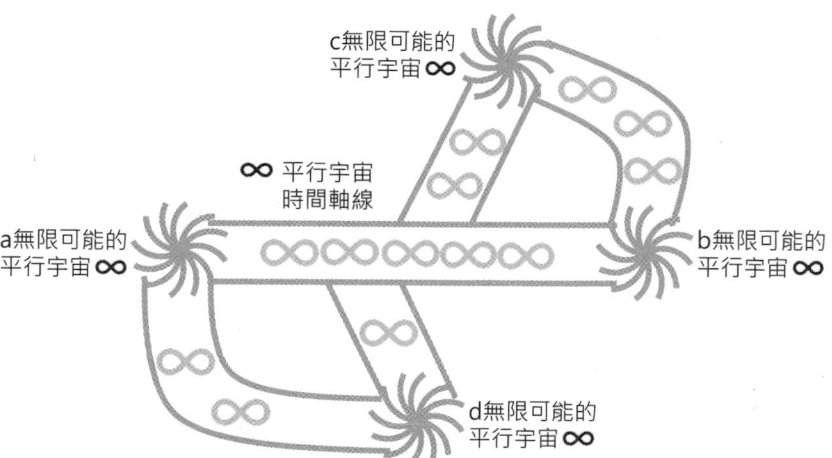
c無限可能的
平行宇宙∞
∞ 平行宇宙
時間軸線
a無限可能的
平行宇宙∞
b無限可能的
平行宇宙∞
d無限可能的
平行宇宙∞

看待時，我們會發現，就是一個點，沒有其他一物可以再與它連結的狀態。

可以藉由銀河系形狀來幫助我們想像，這個綜合起來的點是什麼概念。當靠近銀河系裡看時，我們當然會看到有無數個太陽系的太陽與行星的形狀；若每個太陽系就假設為是一個維度時空的宇宙，當你逐漸拉遠距離到足夠遙遠，來看這銀河系時，所有裡面太陽系間的空間都看不見了，你眼中只能看到一個小光點的模樣。

十維時空

人類的詞彙已經無法描述它，它包含「所有宇宙的可能」、「所有的開始」與「所有的結果」，有些科學家認為這是「超弦的世界」，我們暫且以「空」、「無」的單詞勉強象徵性的稱之。

愛因斯坦認為，記憶是可延伸與具彈性，感知存在於時間、空間、記憶之外；科學家認為，這時空維度只存在著記憶與思想這些訊息。原先物理學家認為，量子物理只存在於微觀世界，宏觀世界還是適用於經典物理的規則；而科學家越往宏觀與高維方向去探究，最終卻得到微觀下的起點：十維是超弦的世界，十維是記憶、思想與感知。這些都不是唯物狀態，都是無形的意識與能量的訊息狀態。十維度就是宇宙雲端數據庫的集體潛意識訊息場。

有意思的是，〇維正是「一個點」，是所有時間空間的起點，九維卻又回到了一個點，這個點既是起點又能是終點。《淮南子．說林》：「無古無今，無始無終，未有天地而生天地，至深微廣大矣。」佛經說，生命無始亦無終，一念三千，意識創造一切啊！這宇宙不是先有物質，才誕生了想法，而是先有想法，才創造了宇宙。

十維時空

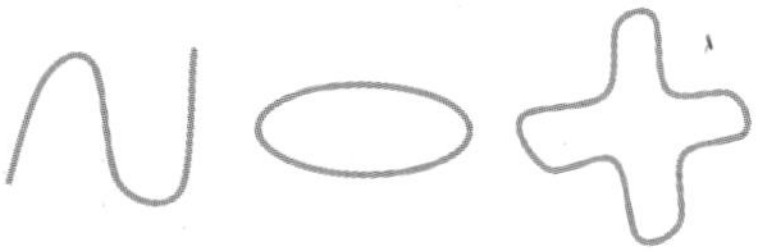

開放弦及封閉弦

古代版藍腦計畫的實證關鍵報告

瑞士「藍腦計畫」已經證實：人腦是由「多維度的幾何結構和空間」構成的，意識充斥在這些高維時空裡四處遊走。而《法華經》，可說是部「古代版藍腦計畫的實證關鍵報告」。

接著，我並非要解釋或翻譯經文，僅為了標注出跟維度時空有關的引述內容，有興趣閱讀完整經文者，請自行查找。

⊙〈第二十四　妙音菩薩品〉

原文：

「佛告華德菩薩。善男子。其三昧名現一切色身。妙音菩薩住是三昧中。」「於是妙音菩薩。不起於座。身不動搖。而入三昧。以三昧力。於耆闍崛山。去法座不遠。化作八萬四千眾寶蓮華。」

我先對有些古老名詞稍作解釋，並且提出我理解推論的觀點，以便於閱讀上的順暢度。

「三昧」這詞是指深度純淨、專注、堅定觀想的意識狀態。

《無量之網》作者桂格．布萊登在一場演講中，有分享一段實驗紀錄片：水滴會根據不同的音頻頻率振動，形成不同的圖案形狀。量子物理也提到超弦理論裡，不同弦的弦振動，可以塑形成不同型態物質的基本粒子。

妙音菩薩是以意識訊息場，顯現成一切色身形態。依照佛陀在經文裡形容妙音菩薩的種種狀態，就說明了，妙音菩薩是屬於超過六維時空以上的意識存在，來到三維世界實體空間容納不到三十人的靈鳩山說法台，是妙音菩薩的意識訊息場，絕非物質體。確切的證據如下：經文提到，妙音菩薩坐在座位上，身體不動搖，進入了三昧狀態，用他的三昧力量來到地球的靈鷲山，而不是以物質肉體模式來到靈鳩山。

其次佛陀說「去法座不遠，化作八萬四千眾寶蓮華」，有人把這段內文解釋成，靈鷲山附近出現了八萬四千個蓮花寶座，也有人解釋成這些是一種外型像蓮花的宇宙飛船，妙音菩薩是乘坐這些飛船來的。

我們可以想像一下，如果現在有八萬四千架戰鬥機，同時出現在我們頭上的天空，那景象對我們來說，你知道會有多麼地壯觀嗎？倘若蓮花寶座真的是物質性的飛船，各位可以想想看，這樣的一艘飛船體積要有多大呢？如果按照三維空間的物理性概念，天空出現了八萬四千艘飛船，你覺得全印度是否都應該會目視看見才對？八萬四千艘飛船降落，所占據地表面積跟視野，也相當明顯跟龐大啊！但為何沒有其他的記載提到這一個場景，只有在佛經上有提到？這並不是佛經隨意記錄的，因為這段話並不是指物質性質的現象。

「八萬四千」這個數字，並非以數學需要的精確計算為基準，在當時對於數量的概念，這個數字已經是令人感到瞠目結舌、無法想像的數量了。如同「兆（億億）」的數量單位，對大多數一般人來說，已經超出理解與想像的數量了，就像我們無法得知宇宙裡有多少數量的超弦一樣。

「寶蓮華」在印度來說，象徵著不受污染障礙、清淨本質的意識狀態，簡單來說，就是不受他人言語及環境影響自己的初心與自我本質。

「去法座不遠」指，離妙音菩薩進行專注深度意識觀想的位置不遠，這不就在說：六維時空或九維時空的意識存在，可以透過折疊時空從a點「瞬移」到b點的現象嗎？種種證據都在說，妙音菩薩本身，是位明白宇宙實相法則到一定程度的意識體。

佛陀及其他僧侶們，也絕不是以肉體五感官的接觸方式「看見」妙音菩薩。前面在說明整個十一維時空裡已經提過，三維世界的肉體限制，是看不見比三維更高維的生命存在的，而是在心靈意識層面上進入妙音菩薩的意識訊息場，進行共同的意識相互共振下顯現出來的「相」。

具有「APEI國際註冊心理師諮詢師」及「量子轉念引導技術輔導師」等專業資格的林雨曇老師，便是從超過十年與千位以上【量子轉念引導技術】的個案實務引導經驗中，萃取整合出【集體量子轉念共振技術】與【量子轉念共振課程】。我藉由她實際操作引導的重點情況，來幫助讀者理解，佛陀、弟子們與妙音菩薩，為何能夠達到互動的狀況，包括從不同時空維度來到靈鷲山現場的眾生，與佛陀及弟子們交流對談的情況。

在集體量子轉念共振場裡的參與者有十位左右，參與者均不認識彼此真實生活情況，由林雨曇老師以【量子轉念引導技術】進行引導。

在彼此自願被邀請進入自己與對方的潛意識下，就會建立出屬於這引導師和參與者們共同的潛意識訊息場。在極度專注於自己的心靈意識中，可以同時看見同樣的畫面人物與劇情。依據需要被轉念的印記核心信念的劇情需求，讓彼此從超過四維時空以上的時空維度，從時間軸線上各個不同分支點重走與瞬移。當找到共同轉念的威力點時，便能讓所有參與者，集體共時性的轉念。這種極度專注在自己的心靈意識上，就類似佛經的專有名詞「三昧」的形容。

但過程中所謂的「看見」，並不是經由他們五感中的肉眼視覺達到的，也不是幻想與幻覺，因為都有當場交叉確認過，是由他們的心靈意識，透過量子糾纏在共同的意識訊息場裡，將獲得或接收到的意識訊息，還原成視覺性的圖像，就類似我們在LINE、WeChat、WhatsApp、Clubhouse等通訊社群軟體的群組功能一樣，文字、貼圖、照片、影音等等訊息，都能共同在群組裡交流閱讀和觀看。

我們現在使用的Google雲端數據儲存系統，就是相同的原理，讓不同的個人、團隊，透過網路共用文件、照片等內容，不一定是由操作同一部電腦或手機、平板才能獲取到，只要有網路訊號暢通的環境，接收的設備本身具備接收功能及運作正常，就能接收到他人傳送至雲端數據儲存系統的資料。

簡單說就是：我們可以透過意識狀態，找到共同的「集體潛意識」（宇宙雲端數據儲存系統），就可以同步以意識來看見同樣的訊息與圖像。

原文：

「華德。汝但見妙音菩薩。其身在此。而是菩薩。現種種身。處處為諸眾生說是經典。或現梵王身。或現帝釋身。或現自在天身⋯⋯或現天龍。夜叉。乾闥婆。阿修羅。迦樓羅。緊那羅。摩睺羅伽。人非人等身而說是經。諸有地獄。餓鬼。畜生。及眾難處。皆能救濟。」

這一段內容，跟佛陀在〈第十六　如來壽量品〉裡說他自己已經成佛已久的內容，兩者要訴求的內涵跟邏輯，其實精神意涵上是相同的，就是要表達「意識的狀態是宇宙的源頭、主角」，只是差別在：用不同種類人物、生物和環境的名稱來比喻，心靈意識對宇宙生命實相理解的高低程度，將決定自己執著的心念觀點是在什麼程度，同時也讓自己滯留在哪種生命品質層次的狀態。若以科學方式的邏輯來說，就是決定自己將處在哪一維度時空狀態。

⊙〈第十五　從地湧出品〉

原文：

「爾時彌勒菩薩摩訶薩。及無數諸菩薩等。心生疑惑。怪未曾有。而作是念。云何世尊於少時間。教化如是無量無邊阿僧祇諸大菩薩。令住阿耨多羅三藐三菩提。即白佛言：世尊。如來為太子時。出於釋宮。去伽耶城不遠。坐於道場。得成阿耨多羅三藐三菩提。從是已來。始過四十餘年。世尊云何於此少時。大作佛事。以佛勢力。以佛功德。教化如是無量大菩薩眾。當成阿耨多羅三藐三菩提。……世尊。如此之事。世所難信。譬如有人。色美髮黑。年二十五。指百歲人。言是我子。其百歲人。亦指年少。言是我父。生育我等。是事難信。佛亦如是。得道已來。其實未久。而此大眾諸菩薩等。已於無量千萬億劫。為佛道故。勤行精進。善入出住無量百千萬億三昧。得大神通。久修梵行。善能次第習諸善法。巧於問答。人中之寶。一切世間甚為希有。今日世尊。方云得佛道時初令發心。教化示導。令向阿耨多羅三藐三菩提。……唯然世尊。願為解說。除我等疑。及未來世諸善男子。聞此事已亦不生疑。」

彌勒與其他無數菩薩心裡感到懷疑困惑，覺得怎麼會有這麼怪異及未曾聽過和遇過的事？世尊是如何在這麼短的時間，教導出這麼多過去及其他維度時空的大菩薩們，讓他們都能覺悟透析宇宙生命實相？

於是開口向佛陀請問：世尊，從王子離家追尋生命實相之道，直到在菩提迦耶這地方，覺醒透析宇宙生命實相，然後分享宣說覺醒的觀念與方法四十多年，何以能在如此短暫的時間，一下把這麼多內容的宇宙生命實相法則教導完，還讓這麼多數量的大菩薩們，都能領悟並具備透析宇宙生命實相的智慧[1]？

世尊，這樣的事情，是很難令在這世界上的人相信，這就好比說，有一個頭髮烏黑、長相俊美、年約二十五歲的男子，用手指著眼前的一位百歲老人對大家說：這是我的兒子。然後這位百歲老人也用手指著這位二十五歲年輕男子對大家說：這是生我、養育我長大成人的父親。這太令人難以置信啊！

佛陀您也是啊！以時間來看，您覺悟分享講授的時間長度，跟這些在過去的時空已經努力好幾年、甚至好幾世，對生命實相修行達到領悟的菩薩們相比，簡直是太短暫了。這些菩薩們對於生命實相的分享，已經達到能言善道，這都是要花很長的努力精進才能達到的狀態。佛陀今天說，是您覺悟後，決心分享教導這些菩薩們，他們才因此得到這些知識智慧。能否請世尊為我們解說箇中原因，讓我們解除困惑，以及讓未來後世的人們聽聞這段內容，不再心生懷疑。

由這段對話就可以知道，若對於「時間」與「空間」的實相，在觀念上無法突破，就算是佛

1 宇宙生命實相的智慧，即「阿耨多羅三藐三菩提」，中文譯作「無上正等正覺」。

教裡修行相當高境界的「阿羅漢」[2]，也是充滿困惑。兩者的意識時空維度不同，我想這應該就是佛（覺悟者）與阿羅漢最大的區別吧。

⊙〈第十六　如來壽量品〉

原文：

「汝等諦聽。如來祕密神通之力。一切世間天人及阿修羅。皆謂今釋迦牟尼佛。出釋氏宮。去伽耶城不遠。坐於道場。得阿耨多羅三藐三菩提。然善男子。我實成佛已來。無量無邊百千萬億那由他劫。譬如五百千萬億那由他阿僧祇三千大千世界。假使有人抹為微塵。過於東方五百千萬億那由他阿僧祇國。乃下一塵。如是東行。盡是微塵。諸善男子。於意云何。是諸世界。可得思惟校計。知其數不。……我成佛已來。復過於此百千萬億那由他阿僧祇劫。自從是來。我常在此娑婆世界。說法教化。亦於餘處百千萬億那由他阿僧祇國。導利眾生。……」

佛陀答：你仔細專心聽，這是如來對外無法以言語表達的神通力。目前大多數比我們三維空間還高維度或不同於我們維度的意識體，都說：目前在大家面前已經覺悟的我，是離開迦毗羅衛王宮到了菩提樹下，覺悟了宇宙生命實相的經歷過程。其實，我覺悟成佛，真正的事實是早已經

2 阿羅漢（Arhat），斷盡我執我見、生死輪迴煩惱的人。

過了數以萬兆劫的無限時間長度了。

若有人將這世界磨碎成一堆微塵，然後拿著這堆微塵，向東經過五百千萬億兆的宇宙時，就扔下一粒微塵代表著一個距離長度，然後邊走達到相同的距離長度就扔下一粒微塵，直到微塵都扔完了，這樣能算得出這些世界的數目嗎？……我成佛已經超過百千萬億兆劫的時間了，從那時開始，我就常在這地球上說法，也在其他數百千萬億兆的宇宙教導與利益眾生。……

這裡的五百千萬億劫的三千大千世界，有人比喻是佛陀成佛後的狀態，存在於無法計算的時間歲月。這是以二維直線性時間軸的敘述方式來解釋，若以宇宙共十一維度時空的理論來解釋，就更貼近佛陀想用語言去表達的狀態。

在第十一維時空的意識，不就沒有時空的意義？以人類三維空間習慣的時間觀標準來看，當然是非常漫長的時間與龐大的空間了。當一個覺悟者到達了「覺悟宇宙生命運行實相」的層次，雖然目前的肉身還身處在三維空間，但心靈意識並沒有跟著受限在三維空間的範圍。畢竟深知宇宙生命運行實相的人，知道有形有相的物質形態都只是暫存於時空中，是無常的，只有無形無相的意識是永存不滅的實相。

「宇宙生命運行實相」，就是原先我們自身的「本體——意識」，只是我們自己因為「自我設限」的意識認知下，阻礙自己知道這個事實。當有天你受限狀態下的意識認知，這個限制被打破了，意識可以擴張延伸了，那麼認知到的面貌，也一定和先前的定義不同。所以，當有天你發現了這個事實，才知道，這事實並非「物理時間上的你發現」時才開始成為這個事實，而是「早已經以這事實狀態存在」，只是你從不知道事實真相而已。

這要怎麼想像與理解？舉個容易理解的比方：

在真正知道「地球是圓球體不是長方體，是會自轉與繞著太陽公轉，而不是太陽繞著地球轉」的事實，只不過是近五百年的事，絕不是當年哥白尼與伽利略證明出這個事實的那一天，這個事實才開始發生，而是在人類「去發現到」之後，這事實才開始在認知上發生。

這時，我們會恍然大悟的說：原來，早在人類還沒建立文明時，這「天體運行」就已經是以這樣運行方式直到現在。

用這段解釋佛陀說的自己成佛已久，並非以三維物質時間與空間下肉身模樣的自己，來說這段話，是指心靈意識作為主角，來詮釋這句「我成佛已久」。也可以說是：高維意識狀態的自己，早就是超越並清楚各維度宇宙的過去、現在與未來。

例如前面我們已經說過，螞蟻身體雖是三維的形體，但感官限制了意識，只能識別出二維平面。在三維的我們，在實驗室裡有個觀察螞蟻的社群，正在進行螞蟻生態的研究，觀察按照螞蟻這物種的時間感過一生的生老病死等遭遇。對這群螞蟻本身來說，已經經歷了許多同類的生生死死的歲月，甚至時間長度到一個個時代；但以人類的時間角度來看，時間感跟螞蟻是不同的。

若我們三維世界的環境與生活模式，對螞蟻的世界觀來說，就是宇宙生命運行實相，當螞蟻問我們成為這樣的覺者多久了？我們以螞蟻的時間世界觀來表達的話，是不是就像那段佛陀說「我實成佛已來。無量無邊百千萬億那由他劫……」的形容？

在五維時空以上，高維的意識視角可以看到低維時空的過去、現在、未來，從開始直到結束，且可以在時間軸線上選擇可能性的分支時間點，選擇那分支的生命發展。

到了九維時空，就好比是好幾張被折疊後不同尺寸大小的紙張，還可以瞬移到任一個彼此不同物理規則的平行宇宙，也可以任意選擇一個宇宙時空點進入該世界。只是進入後，需要符合那個宇宙的物理時空規則，才能以該維度時空可以感知的方式進行交流。

了解了這些維度時空的狀態，就可以了解釋迦牟尼佛說到，佛陀救濟不同維度時空眾生，因為維度時空不同，物理時間與基礎現象相對也會不同，各維度時空世界的名字（佛號）不同，壽命的長短會跟著不同，引渡講解宇宙生命運行實相的方式也不同。

這也同時解釋了，觀世音菩薩為何能夠「倒駕慈航，聞聲救苦」的原理，以及《金剛經》的核心提示：「不要執著於我相、人相、眾生相、壽者相，凡所有相，皆是虛妄。」因為宇宙有十一維度時空，只執著於某一維度時空的狀態、環境、條件，都是會產生心靈的煩惱而痛苦。因此佛經裡才會有記錄著，佛陀曾到忉利天（至少高於五維時空），為母親說宇宙生命運行實相的法則，希望打開母親的意識維度，別滿足於目前的維度時空，讓自己因還未完全了解十一維時空的宇宙生命運行實相，而可能會再回到三維空間裡，重新找穿越障礙的機會。

這裡也同時提醒我們，有許多指導人們如何將自己的意識靈魂達到五次元世界（五維時空）的知識和方法，是很好的指引。就像是「對習慣於自己種族社會生活背景的人，要移民到另一個不同文化背景生活習性的國家定居，事先要有一些最基本的指導方針，來幫助新移民能順利融入社會」是相同的道理。

但是，請別只以五次元世界作為目的地而自滿，以為可以永久定居在五次元世界。五維時空只是讓你能夠自由選擇三維空間生命藍圖的人生路徑，三維空間的肉體一生結束了，你的靈魂五大課題（愛、金錢、健康、關係、勇氣）有沒有跟隨著圓滿完成？有沒有真正了解五大課題存在的意義？若還沒有或還有未竟之處，只是在三維空間裡的人生，物質上過得舒適一點，心靈上過得快樂一點，意識並沒有完全達到自由。只要還有未竟之事，那就是會再回到三維世界，開始未竟之事的起點，重走時間軸線一趟。

⊙《法華經》是在解釋宇宙生命實相的祕密

《無量義經》裡提到：佛陀入於三昧，眉間放出白毫光，照耀東方一萬八千世界。所謂眉間白毫光，眉間亦即心眼，有松果體的功能；光，也是觀想的「相」，非可見光的波長。而「照耀」，是因觀想的範圍是隨心隨意的，沒有三維空間物理性限制的問題。

從低維度時空習慣受限的意識立場角度來看，佛（覺醒者）再以物質肉體輪迴於低維時空，目的是傳授宇宙實相的智慧與覺悟方法，未來佛或「當來下生」的彌勒佛，不就是指這個邏輯下產生的？《法華經》裡佛陀已經說到，為了方便教化眾生[1]便宜行事，不然無法彼此交流的話，怎麼傳達這些實相智慧的訊息？

所以，這部成佛寶典《法華經》，都是在解釋宇宙生命實相的祕密——意識跟宇宙維度時空的緊密關係。可說是「教導你認識意識與人生、意識與世界、意識與宇宙相互之間的緊密關係：然後，按照這個大宇宙法則生活，就能不受生老病死的表象遭遇而心生痛苦」的指南書，不是拿來膜拜、當成護身符，或死背整本達到別人規定的次數，就有神奇力量的這種用途。有形的文字是協助無形心念訊息表達的符號，要去理解相應文字所傳達的心念，不是占有文字就能獲得。

「成佛」指的就是：

1. 能理解「宇宙實相與人生的關聯，是由意識做為一切串連的源頭」的事實。
2. 相信、決心以此做為生活裡，想法、語言、行為的準則與態度。
3. 在生活的實踐當中，能驗證已經理解的宇宙實相，成為貨真價實的心得經驗。成為「覺悟要依此為人生價值」去生活的人，不是成為超凡入聖、擁有特異功能的特異人士。

成佛若是只像權貴般，是享有特權的小圈圈，而不是人人有權利，那所有時空維度的佛陀為「所有維度時空的眾生」講經說法的目的何在？

1 這裡的「眾生」指：各維度時空裡，意識執著受限於該維度時空框架的存在體。

不過，雖說是「人人有權」，佛陀也說過，要達到心靈自由、豐盛、喜悅的覺醒生活，過程的確不容易。不容易的理由，在於如何擺脫先入為主，習慣以物質性與五感官的互動，在「逼真」的感官體驗下，做為「真實存在」的證明，而漠視無法以物質性與五感官的互動感知。但「感知」確實是發生過並存在過的現象，卻被眾人視為「虛幻不實」。

現在，無論以量子力學、醫學或心理來探討「意識」這領域，以及以心靈涉及到的「能量」、「訊息」，大多數還是慣性以「看待物質的唯物思路」去研究和了解。唯物物質觀是機械式、無生命、公式化的基礎，這都是掉入「空間是有限度」的想法中。

高維意識，接收高維訊息，不是要你盲目的聽命行事，而是輔助你判斷的參考資訊。你還是要自己對接收到的訊息，進行確認、檢查、比對、整合，這動作叫覺察。你可能也有聽過，有人無腦地只依照衛星導航的指示，結果把車開到斷崖、河溝或此路不通的新聞吧？

若心靈意識是無限，以唯物角度的理解與解釋，不就像是以管窺天、只能理解管直徑範圍內的天，而非真實的天空模樣？我們前面說過，低維時空只能看見高維時空的平切面，而不是完整的全部，這樣的邏輯要找到自己生命輪迴及「我是誰」的答案，距離真相不就更加遙遠了？這也是很多人困擾的地方：慣性以有規格尺寸的標籤方式，才能理解眼前的一件事或知識，無法運用自己身上的「想像力」來理解。

「想像力」不完全是指天馬行空或異想天開，它是一種從「被有限物質時空綑綁」的約制中，自我掙脫，朝向自由無限宇宙的心靈力量，像是胎兒從母親子宮經過產道、脫離母體而出生，毛毛蟲經由掙脫破繭而出、蛻變成蝴蝶一樣的過程。

⊙「回溯過去」是要改變它造成心靈意識的影響

許多人說：想法、意識會創造實相。但是大部分人都沒告訴我們：為什麼我這樣的想法會是正面的？這成為正面想法的理由（原因）是什麼？好像「想法」是一個物質，只要把「正面」往原先自己的想法上修修補補，就能很容易改變原先還不夠正面的想法了。事實是這樣嗎？

若是這麼容易，那麼，當年悉達多為了找尋解決生死輪迴之苦的方法，跟隨過二位禪定大師學習，依舊無法找到說服自己的答案，還苦行六年，連肉體生命都快奄奄一息，其意義是什麼？耶穌在傳正道，為何還會遭受到迫害，然後被處以極刑而結束一生？

修行人是在修些什麼？禪修者每天靜坐的目的是在休息嗎？只要加入這些心靈雞湯式的正面想法與道理，或是以暗示潛意識正面信念，就能獲得解決的話，理應人人都應該很容易成佛成道，社會上的犯罪者應該會減少，不公義的事逐漸不存在，世上應該早就沒有任何苦難的發生，每個人的人生也應該是一片風和日麗、喜悅平安幸福，無論是健康或生病，肢體是否健全，收入足不足夠，就業或待業等等的情況，應該只有正面情緒存在，都不應該會是我們現在的世界這樣才對吧？

意識與顯化實相關聯圖

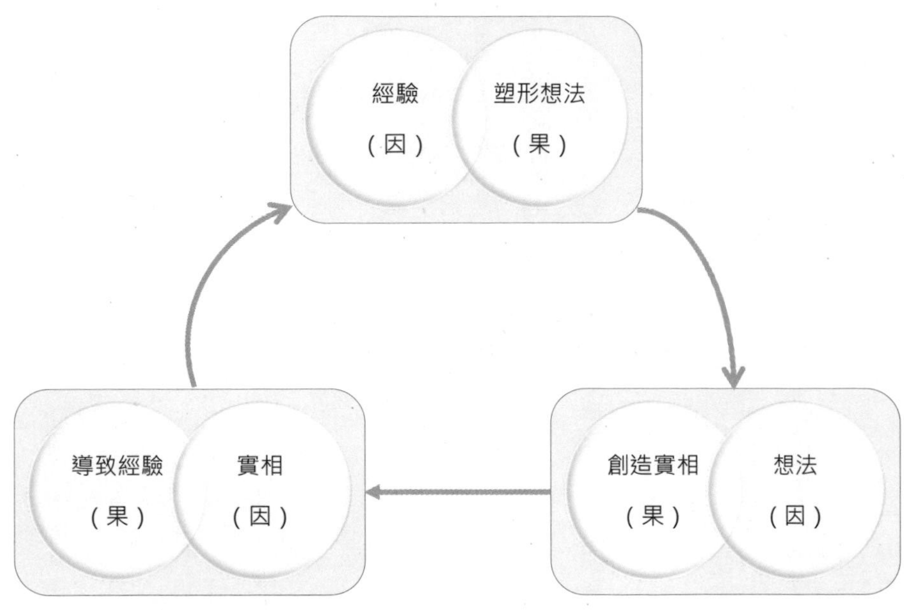

通常容易被改變的想法，都是跟自己存在價值無關痛癢的內容，才會那麼輕易被改變。跟自己存在價值有相關的想法，是不容易被輕易改變的，除非針對塑形出這想法的印記經驗，加以重新覺察，才能有機會改變。

由此可知，經驗之後的一連串連鎖反應若沒有改變，「轉念」這個結果都會不成立，所以就會導致選擇另一種速食的做法：拚命使用自己沒有經驗實證到的正面想法（是形式化僵化又刻板，且毫無靈活的教條式標籤），作為創造實相的能量。

現在我們從中看出問題了嗎？

提醒我們有這麼一回事，跟我們自己親自經驗到這麼一回事，那偏執的經驗在潛意識裡過深，就需要在潛意識裡回溯過往，重新解構，才能在潛意識裡說服自己更改印記信念經驗，改變經驗才能改變想法的結構，才能以新想法來做新實相的創造來源。

「回溯過去」的目的，不是要去改變已發生的歷史事件，而是改變它造成心靈意識的影響。在這個正面臨時代更迭的時刻，以意識，與時空的宇宙運行實相法則結合，作為重新改變自己人生的新意識信念。

古老的語言稱為「成佛之道」，以現代的語言來說，就是「覺悟宇宙生命運行實相之道」。這不是虛無主義，成佛就是使自己具備包含十一維的高維意識，才能有清醒辨別真實和虛幻的能力，在人生道路上，能意識清醒的過日子。

所以「愛」課題的成佛之道，「工作、金錢」課題的成佛之道，「健康」課題的成佛之道，「關係」課題的成佛之道，「勇氣」課題的成佛之道，全都是我透過【量子轉念引導技術系列課程】所要傳達的知識與方法，並非僅是停留在刻板的修行冥想行為，或是追求速食式的方法，就可以使你「突然像魔法般地改變了自己人生與世界」的神祕行為。

【量子轉念引導技術系列課程】及我寫的文章、書籍，演講或分享，宇宙生命實相運行法則的短影片，所使用的文字語言雖然樸實平凡，但不代表它們沒有深度。我的目的是：讓閱讀者及觀看者更易精準的走進覺醒之路，不希望過多渲染浮誇夢幻的辭藻，變成你眼前令你陶醉的幻境，耽誤了你前往體悟高維意識心靈自由的方向。

不靠覺察的心，是軟弱無力的。只要是不朝釐清偏執信念作為扎根的基礎，所有教導運用心的方法、技巧，都將如風中殘燭的火光一樣，一風吹草動便熄滅了。

未來是高維意識力量的時代，但要能展現直覺、想像力與創造力的心力量，一定要先改寫對自己生命實相偏執的印記信念，所以要先運用「覺察」釐清信念，消融偏執印記信念的干擾力量，接著達到「量子轉念」，意識就能自動連結量子訊息場產生運作，使自己人生實現真正的心念力量。

附錄：

【量子轉念引導技術系列課程】學習綱要簡介

初階課程

01 我是誰—找到自己真正的【價值】
02 了解【我】的能量場—我如何影響自身的世界
03 靈魂五大課題的目的—愛、金錢、關係、勇氣、健康
04 發現潛意識的偏差—我如何被心靈病毒創造出虛假的自我
05 量子轉念三大印記（心靈病毒）—如何影響你的人生
06 放下自我爭戰—量子轉念的【罪疚印記】
07 如何排除自身負面情緒—自我和解
08 集體引導—打開自我能量的金鑰匙
09 認識胎內記憶擁抱自己
10 預防心靈印記的形成—運用在生活中的方法
11 超越時空限制—改變人生過去、現在、未來的秘密

中階課程

01 學習量子轉念引導技術核心五步驟
02 學習轉化創傷情緒印記之複述轉化法
03 解開死後世界之謎
04 穿越生死幻象—學習生死告白道別引導轉念法
05 解開潛意識時空制約—學習子宮期與前世心靈印記轉念法
06 量子轉念引導技術個案實例運用綜合講解。

高階課程

01 擴張意識的寬度—「人格分析法」「人格釐清法」「人格扮演換位引導法」
02 超越形成罪疚的三部曲，看見自身的本質—愛
03 學習穿越罪疚轉念法
04 愛的黃絲帶—寬恕的力量
05 學習寬恕罪疚轉念法
06 揭開折翼小天使傳遞給父母的訊息—學習墮胎流產轉念法
07 解密心身療癒的密碼—學習重現自我療癒轉念引導法

08 夢與潛意識的投射訊息—學習「解夢」「造夢法」「穿越夢境轉念法」
09 與神對話的真相以及區別高頻意識和低頻意識—學習多維人格意識錯亂轉念法
10 跳脫複製他人的平行人生—學習移情印記轉念法
11 解開三維心物鏡像世界的秘密—學習心物鏡像轉念法
12 生命全息圖的原理—學習從潛意識進入五維時空的「出生前計畫解讀法」「解讀生命流年全息藍圖法」
13 學習所有吸引力法則、顯化豐盛法則之源—宇宙豐盛意識法則
14 建立關係連結的不可思議奧秘—學習提升傾聽力的「溝通交流週期」「溝通黃金三角法則」
15 看見個人實相本質指南—學習具備覺醒者八種人格特質的十種自我操練

【量子轉念引導技術訓練鑑定班】

針對已完整完成「量子轉念引導技術系列課程」初、中、高三階課程學員，有志想完整獲得正確專業量子轉念引導技術培育、提升自我以及想取得專業資格認定的課程。

【1 to 1 專業量子轉念引導服務】

採單元預約制，每單元為10小時共分連續兩個單日完成。由接受過「量子轉念引導技術訓練鑑定班」審核資格認定之專業量子轉念引導師執行。

林雨雲—量子轉念引導技術首席輔導師專長領域

【自我情緒管理工作坊】

情緒常常困擾我們的人生，讓我們無法控制做出令自己後悔的行為，通過工作坊幫助人們找到情緒管理之道。

【啟動自己的轉念系統—家庭關係修復課程】

家庭關係是指對自己與父母、與伴侶、與兄弟姐妹、與孩子間的相處，是我們人生關係中的大課題，這是需要我們自己認真面對潛藏的圍牆，穿越它才會平衡彼此能量，獲得幸福人生。

【財富實踐課程】七大單元（每單元4小時）

單元主題列表

1. 遵循金錢的靈性法則—提升自己的金錢財富能量，建立豐盛意識。
2. 探索你與財富的關係—金錢對話突破盲點。
3. 瞭解自己的金錢振動頻率級別—堵住黑暗的入口，清理潛意識裏的金錢恐懼。
4. 解除罪疚印記的破壞性和毀滅力—提升金錢承戴容積，提升值得、配得感的深層次，消除矛盾意識。

5. 按下財富自由的確認鍵—深度連結：金錢自我操練集體引導。
6. 我的內在就具備所需的一切答案與天賦—決定富有，讓財富的自然生長。
7. 洞悉我的隱性財富—對金錢的使用與覺察，增強顯化的能力與習慣富有。

【1 to 13 量子轉念共振場】

透過由雨曇老師從1 to 1量子轉念引導技術衍生創辦的量子轉念共振場，針對個別與集體的潛意識裡深入印記信念，藉由心念共振的巨大力量，共同釋放長年累積的深層恐懼與心靈障礙，並達到解脫斷捨離和正面信念，創造自己人生奇蹟之旅。

參加人數：只限13人。

【1 to 1 專業量子轉念引導】

雨曇老師1 to 1量子轉念引導的個案經驗，累積至今已有超過16年數千位個案數萬小時以上的專業實務經驗，個案生活背景、年齡、性別、職業類別涵蓋範圍廣泛，年齡9歲至82歲，男女老少，企業主、高級主管、專業技術人員、老師、演藝明星、上流生活人士或貴婦、醫護、心理師、老師、網紅、銷售人員、金融、電商、教育、設計師、軍警等等，經驗技巧卓越豐富，是位完全掌握透析1 to 1量子轉念引導技術實際運用的專家。

國家圖書館出版品預行編目 (CIP) 資料

啟動高維意識量子場：成為新人類的高維人生指南 / 陳嘉堡 著 .-- 初版 . -- 臺北市 : 商周出版 : 英屬蓋曼群島商家庭傳媒股份有限公司城邦分公司發行 , 2021.10
面； 公分
ISBN 978-626-7012-97-0 (平裝)

1. 靈修 2. 意識

192.1 110014990

啟動高維意識量子場：成為新人類的高維人生指南

作　　者　陳嘉堡
責任編輯　徐藍萍

版　　權　黃淑敏、吳亭儀
行銷業務　周佑潔、劉治良、華華
總 編 輯　徐藍萍
總 經 理　彭之琬
事業群總經理　黃淑貞
發 行 人　何飛鵬
法律顧問　元禾法律事務所　王子文律師
出　　版　商周出版　台北市 104 民生東路二段 141 號 9 樓
電話：(02) 25007008　傳真：(02)25007759
E-mail：bwp.service@cite.com.tw
發　　行　英屬蓋曼群島商家庭傳媒股份有限公司城邦分公司
台北市中山區民生東路二段 141 號 2 樓
書虫客服服務專線：02-25007718　02-25007719
24 小時傳真服務：02-25001990　02-25001991
服務時間：週一至週五 9:30-12:00　13:30-17:00
劃撥帳號：19863813　戶名：書虫股份有限公司
讀者服務信箱 E-mail：service@readingclub.com.tw
香港發行所　城邦（香港）出版集團有限公司　香港灣仔駱克道 193 號東超商業中心 1 樓
E-mail: hkcite@biznetvigator.com　電話：(852)25086231　傳真：(852)25789337
馬新發行所　城邦（馬新）出版集團 Cite (M) Sdn Bhd
41, Jalan Radin Anum, Bandar Baru Sri Petaling, 57000 Kuala Lumpur, Malaysia.
Tel: (603) 90578822　Fax: (603) 90576622　Email: cite@cite.com.my

封面設計　李東記
印　　刷　卡樂彩色製版印刷有限公司
總 經 銷　聯合發行股份有限公司　新北市 231 新店區寶橋路 235 巷 6 弄 6 號 2 樓
電話：(02) 2917-8022　傳真：(02) 2911-0053

■2021 年 9 月 28 日初版
■2021 年 11 月 22 日初版 2 刷

城邦讀書花園
www.cite.com.tw

Printed in Taiwan

定價 380 元

 ISBN 978-626-7012-97-0

請於此處用膠水黏貼

讀者回函卡

線上版讀者回函卡

感謝您購買我們出版的書籍！請費心填寫此回函卡，我們將不定期寄上城邦集團最新的出版訊息。

姓名：＿＿＿＿＿＿＿＿ 性別：□男 □女

生日：西元＿＿＿＿年＿＿＿＿月＿＿＿＿日

地址：＿＿＿＿＿＿＿＿

聯絡電話：＿＿＿＿＿＿＿＿ 傳真：＿＿＿＿＿＿＿＿

E-mail ：

學歷：□ 1. 小學 □ 2. 國中 □ 3. 高中 □ 4. 大學 □ 5. 研究所以上

職業：□ 1. 學生 □ 2. 軍公教 □ 3. 服務 □ 4. 金融 □ 5. 製造 □ 6. 資訊
□ 7. 傳播 □ 8. 自由業 □ 9. 農漁牧 □ 10. 家管 □ 11. 退休
□ 12. 其他＿＿＿＿＿＿＿＿

您從何種方式得知本書消息？

□ 1. 書店 □ 2. 網路 □ 3. 報紙 □ 4. 雜誌 □ 5. 廣播 □ 6. 電視
□ 7. 親友推薦 □ 8. 其他＿＿＿＿＿＿＿＿

您通常以何種方式購書？

□ 1. 書店 □ 2. 網路 □ 3. 傳真訂購 □ 4. 郵局劃撥 □ 5. 其他＿＿＿＿

您喜歡閱讀那些類別的書籍？

□ 1. 財經商業 □ 2. 自然科學 □ 3. 歷史 □ 4. 法律 □ 5. 文學
□ 6. 休閒旅遊 □ 7. 小說 □ 8. 人物傳記 □ 9. 生活、勵志 □ 10. 其他

對我們的建議：＿＿＿＿＿＿＿＿

＿＿＿＿＿＿＿＿

＿＿＿＿＿＿＿＿

【為提供訂購、行銷、客戶管理或其他合於營業登記項目或章程所定業務之目的，城邦出版人集團（即英屬蓋曼群島商家庭傳媒（股）公司城邦分公司、城邦文化事業（股）公司），於本集團之營運期間及地區內，將以電郵、傳真、電話、簡訊、郵寄或其他公告方式利用您提供之資料（資料類別：C001、C002、C003、C011 等）。利用對象除本集團外，亦可能包括相關服務的協力機構。如您有依個資法第三條或其他需服務之處，得致電本公司客服中心電話 02-25007718 請求協助。相關資料如為非必要項目，不提供亦不影響您的權益。】

1.C001 辨識個人者：如消費者之姓名、地址、電話、電子郵件等資訊。
2.C002 辨識財務者：如信用卡或轉帳帳戶資訊。
3.C003 政府資料中之辨識者：如身分證字號或護照號碼（外國人）。
4.C011 個人描述：如性別、國籍、出生年月日。

請於此處用膠水黏貼